太乙金華宗旨易解

錢一 注譯

古籍書局
THE ANCIENT WORKS BOOK LIMITED

太乙金華宗旨易解

作　　者：錢　一 注譯

責任編輯：謙　和

裝幀設計：抱一工作室

出　　版：古籍書局有限公司

香港尖沙咀金巴利道 53 號

E-MAIL：qiandedushu@qq.com

發　　行：香港聯合書刊物流有限公司

香港新界荃灣德士古道 220-248 號荃灣工業中心 16 樓

印　　刷：深圳市精一瑞蘭印刷有限公司

廣東省深圳市龍崗區南嶺龍山工業區 25 號 1-3

版　　次：2025 年 7 月第 1 版第 2 次印刷

定　　價：HK$ 48.00　NT$ 200.00

ISBN 978-988-71084-6-7

Published in Hong Kong, China

前言

在浩瀚的中華傳統文化中，道家思想以其獨特的宇宙觀和人生觀，為後世留下了無盡的智慧之光。其中，《太乙金華宗旨》作為道家內丹修煉的經典之作，不僅在中國歷史上占據了重要地位，更跨越國界，成為東西方文化交流與融合的橋樑。這部相傳為八仙之一的呂洞賓（呂祖）所著的經典，以其深邃的哲理和實用的修煉法門，引領著無數求道者探索生命的真諦。呂洞賓（796—？），名嵒，字洞賓，道號純陽子，唐代著名道教仙人，被尊為「八仙」之一，也是道教全真派祖師之一。他出生於蒲州河中府永樂縣（今山西省芮城縣），早年熟讀經史，曾中進士並任地方官吏，後因厭倦亂世，棄官修道，與妻子隱居山中，改姓「呂」（寓「兩口」之意），自稱「洞賓」（山洞中的賓客）。傳說他師從鍾離權，經歷「黃粱一夢」後悟道，立誓「度盡眾生方願成仙」，並修得劍術與丹法，主張「斷煩惱、瞋怒、貪欲」。

這部《太乙金華宗旨》全書雖簡短，卻蘊含著道家內丹修煉的核心精髓。開篇即點明「自然曰道。道無名相，一性而已，一元神而已」。呂祖通過「天心」這一概念，闡述了人與自然、宇宙之間的內在聯繫。天心，即人心之中最虛最靈之處，是元神所居之所。通過回光之法，即凝視天心，使周身之氣上朝，達到身心合一的境界。

這一過程不僅是對身體的修煉，更是對心靈的淨化與昇華。呂祖強調，光（即金華）易動而難定，需通過不斷的回光修煉，使光凝結為自然法身，從而實現身心的超越。

在書中，呂祖深入探討了元神與識神的區別與聯繫。元神為真性、無極，超越生死輪回；而識神則受肉體與欲望的束縛，易於迷失。學道之人應守護元神，煉盡陰滓（即識神），以達到純陽之境。通過回光煉魂、保神、制魄、斷識，實現身心的淨化與昇華。這一過程中，精、神、意三者相輔相成，共同構成了內丹修煉的基礎。

《太乙金華宗旨》所揭示的內丹修煉法門，不僅僅是一種身體上的修煉技巧，更是一種深刻的哲學思考。它教導我們如何認識自我、超越自我，最終達到與宇宙本源融為一體的境界。通過回光之法，使身心達到高度的統一與和諧，不僅有助於提昇身體的健康水平，更能促進心靈的平靜與智慧的增長。內丹修煉的最終目標是超越生死輪回，達到永恆之境，這一過程需要我們不斷地修煉身心，煉盡陰滓，實現元神的覺醒與昇華。

此外，《太乙金華宗旨》還強調順應自然的重要性。道家思想一貫主張順應自然、無為而治，呂祖同樣倡導我們順應自然規律，通過修煉身心來與自然和諧相處，實現人與自然的共生共榮。這種順應自然的態度，不僅是對生命的尊重，更是對宇宙法則的深刻理解。

《太乙金華宗旨》的德文譯本《金花的秘密》在西方世界的傳播，更是推動了東西方文化的交流與融合。這部經典通過西方學者的研究與解讀，為西方學術界提供了一種全新的視角來理解人類的精神世界與宇宙本質。榮格等心理學家的研究，進一步揭示了道家內丹修煉與現代心理學之間的內在聯繫，為東西方文化的交流與互鑒提供了寶貴的經驗。

在當今快節奏、高壓力的社會生活環境下，《太乙金華宗旨》所蘊含的智慧與力量顯得尤為重要。它提醒我們，在追求物質與名利的同時，更應關注內心的平靜與和諧。通過研讀這部經典，我們不僅可以領略到道家內丹修煉的奧秘與魅力，更能從中汲取智慧與力量，為我們的生活與工作注入新的活力與靈感。

總之，《太乙金華宗旨》作為道家內丹修煉的經典之作，不僅承載著深厚的文化底蘊與哲學思考，更為我們提供了一條探索生命真諦、實現身心超越的道路。願每一位讀者都能從這部經典中汲取到屬於自己的智慧與力量，共同創造一個更加美好的未來。

此外，本書附有嵇康的《養生論》以饗讀者。嵇康（224—263），字叔夜，三國時期文學家、思想家，「竹林七賢」之一。他崇尚老莊哲學，主張回歸自然，反對禮教束縛，其《養生論》是中國古代系統論述養生的經典之作。嵇康在《養生論》中強調形神共養，認為形體依賴精神存在，精神依托形體顯現，養生需兼顧兩者。同時，他主張通過呼吸吐納、調節作息等方法，使「形神相親，表裏俱濟」。他還強調養生需長期堅持，防微杜漸，避免積損成衰。他的理論對後世中醫養生文化影響深遠，尤其在精神調攝與生活方式規範方面具有啟示意義。

目 錄

第一章 天心

呂祖曰：自然曰道。道無名相，一性而已，一元神而已。性命不可見，寄之天光；天光不可見，寄之兩目。古來仙真[1]，口口相傳，傳一得一。自太上見化，東華遞傳某[2]，以及南北兩宗[3]，全真可為極盛。盛者盛其徒眾，衰者衰於心傳，以至今日，濫泛極矣，淩替極矣[4]。極則返，故蒙淨明許祖[5]，垂慈普度，特立教外別傳之旨，接引上根[6]。聞者千劫難逢[7]，受者一時法會，皆當仰體許祖苦心，必於人倫日用間，立定腳跟，方可修真悟性[8]。我今叨為度師，先以《太乙金華宗旨》發明，然後細為開說。

太乙者[9]，無上之謂[10]。丹訣總假有為而臻無為[11]，非一超直入之旨[12]。所傳宗旨，直提性功[13]，不落第二法門，所以為妙。金華卽光也，光是何色？取象於金華，亦秘一光字在內，是先天太乙之眞炁，「水鄉鉛，只一味」者[14]，此也。

回光之功，全用逆法，注想天心，天心居日月中[15]。《黃庭經》云[16]：「寸田尺宅可治生。」尺宅，面也。面上寸田，非天心而何？方寸中具有鬱羅蕭臺之勝[17]、玉京丹闕之奇[18]，乃至虛至靈之神所住。儒曰「虛中」，釋曰「靈臺」，道曰「祖土」，曰「黃庭」，曰「玄關」，曰「先天竅」。蓋天心猶宅舍一般，光乃主人翁也。

故一回光，周身之炁皆上朝，如聖王定都立極，執玉帛者萬國；又如主人精明，奴婢自然奉命，各司其事。

諸子只去回光，便是無上妙諦。光易動而難定，回之既久，此光凝結，即是自然法身⑲，而凝神於九霄之上矣。《心印經》所謂「默朝飛昇」者⑳，此也。宗旨行去，別無求進之法，只在純想於此。《楞嚴經》云㉑：「純想即飛，必生天上。」天非蒼蒼之天，即生身於乾宮㉒是也。久之，自然身外有身。

金華即金丹，神明變化，各師於心。此中妙訣，雖不差毫末，然而甚活，全要聰明，又須沉靜，非極聰明人行不得，非極沉靜人守不得。

【注釋】

①仙真：道家稱昇仙得道之人。

②東華：傳說仙人東王公又稱東華帝君，省稱「東華」，被全真道尊奉為北五祖的第一祖。

③南北兩宗：即道教全真道的南宗和北宗。金

王重陽所傳者為北宗，宋張伯端所傳者為南宗。

④淩替：衰落，衰敗。

⑤淨明許祖：淨明派的祖師許旌陽。相傳為晉道士，汝南人，學道於吳猛，後舉孝廉，曾為旌陽令。感晉室棼亂，棄官東歸，周遊江湖。東晉孝武帝太康二年八月一日，於洪州西山，舉家四十二口拔宅飛昇。世稱許真君或許旌陽。

⑥上根：指具有上等根器的人。

⑦千劫：指曠遠的時間與無數的生滅成壞。

⑧修真：道教謂學道修行為修真。

⑨太乙：亦作「太一」，即道家所稱的「道」，古指宇宙萬物的本原、本體。

⑩無上：沒有比它更高的。

⑪丹訣：煉丹術。

⑫一超直入：一下直達。

⑬性功：道家重視心性修煉，強調通過修煉心

性來達到精神上的轉變或提昇。

⑭水鄉鉛，只一味：語出唐‧崔希範的《入藥鏡》。慧真子注：「天一生水，即太乙之真。人得一則生，失一則死……人無炁則死，魚離水則亡。」

⑮日月：日代表左眼，月代表右眼。

⑯《黃庭經》：道教的經典著作。

⑰鬱羅蕭臺：《皇經集注》稱：「天中最上之極，天中之天，神光芳鬱，蕭然真清，故言鬱羅蕭臺。」

⑱玉京：元始天尊所居之地。丹闕：赤色的宮闕。

⑲法身：舊指修煉得道之身。

⑳《心印經》：即《高上玉皇心印妙經》，道教經典之一。

㉑《楞嚴經》：全經名《大佛頂如來密因修證了義諸菩薩萬行首楞嚴經》，是一部極為重要的佛教

經典。

㉒乾宮：這裏指頭部。

【譯文】

呂祖說：自然就是道。道沒有具體的名相，只是一種真性、一個元神而已。真性或生命是不可見的，因為它寄於天光之中；而天光也是不可見的，因為它寄於雙目之間。自古以來得道之人都是以口口相傳的方式傳授道法，傳授一代，成功一代。自太上老君點化東華帝君，再經東化帝君傳授給我，以及南北兩宗，全真教可稱得上是達到了極盛之時。興盛是因為信徒眾多，衰敗則因心傳之法的斷絕，以至到了今日，道法氾濫成災，衰敗至極。物極必反，因此淨明派祖師許真君心懷慈悲普度眾生，特別立下教外別傳的宗旨，來接引具有上等根器之人。聞道者可謂千劫難逢，習道者可謂一時頓悟，大家都應用心體悟許祖的苦心，必須在人倫日常中站穩腳跟，方能修真悟性。我如今忝任度師，先闡釋《太乙金華宗旨》的奧義，然後再詳細講解。

所謂「太乙」，就是無上之意。煉丹之術甚多，總是借助有為之法而達到無為之境，並非一步即可登天之術。而這裏所傳授的宗旨，一開頭就直接提出性功，不落於第二法門，所以甚妙。所謂金華，就是光，光是什麼顏色呢？取象於金質散發出的光彩，其中也隱含了一個「光」字在內，是先天太乙的真炁，《入藥鏡》所言「水鄉鉛，只一味」，說的就是這個。

回光的功夫，全用逆法，專注想著天心，天心居於兩眼之間。《黃庭經》上說：「寸田尺宅可治生。」尺宅，指的是面部。面部的寸田，不是天心又是什麼呢？方寸之中，有鬱羅蕭臺般的勝景，又有玉京丹闕般的奇觀，是至虛至靈的元神所居之處。儒家稱之為「虛中」，佛家稱之為「靈臺」，道家稱之為「祖土」，也稱「黃庭」「玄關」「先天竅」。大概天心就如宅舍一般，而光就是這座宅舍的主人了。

所以一回光，周身之炁都向上彙聚，就像聖王定都登基，萬國都執玉帛前來朝賀；又像主人精明，奴婢自會聽命，各司其職。

你們只需去回光，便是無上妙法。光容易動而難穩定，回光時間久了，便會凝結，即是自然法身，而精神也會凝聚於九霄之上了。《心印經》上所說的「默朝飛昇」，就是這個意思。實行此宗旨，別無進一步的功法，只在純想天心。《楞嚴經》上說：「純想即飛，必生天上。」那天，並非蒼藍的天，而是隱喻法身生於我們頭頂乾宮之內。時間久了，凡體之外便有了自然法身。

金華即金丹，它的神明變化，師法於各自的真心。此中妙訣，雖然絲毫不差，然而卻十分圓活，全靠聰明，又須沉靜，非極聰明之人不能行得，非極沉靜之人不能守得。

【解讀】

《太乙金華宗旨》作為道教內丹修煉的重要典籍，以呂洞賓口吻揭示了「道法自然」的核心思想。全書以「金華」（先天真炁之光）為修煉核心，主張「性命雙修」而偏重性功，認為無形無相的「道」通過「天光」顯化於雙目，修行者須以「回光」法門逆返先天。具體而言，需專注眉間「天心」這一至虛至靈之竅（儒稱「虛中」、佛稱「靈臺」），通過長期觀照使散亂神識凝聚為「自然法身」，最終達成「身外有身」的超越境界。此法強調「有為臻無為」，既要極聰明以悟玄機，又需極沉靜以守真炁，更要求修行者立足人倫日用，在世俗中「立定腳跟」，與王陽明「事上磨煉」理念暗合。

本章結合三教合流的思想脈絡，將儒家心性論、佛家明心見性與道家內丹術熔鑄一爐。歷史上，它承襲太上老君至全真教的傳承譜系，針對宋元道教「重術輕道」的流弊，藉淨明派許遜「教外別傳」革新丹道，以「直提性功」的頓悟法門接引上根，兼具禪宗直指人心之銳與內丹循序漸進之穩。書中將外丹術語（如水鄉鉛）轉化為心性修煉隱喻，標誌道教從肉體長生向精神超越的轉型。其「回光凝神」之法，與現代正念冥想通過專注訓練調節身心存在相通之處，而「天心觀照」揭示的眉心能量中樞，亦與當代腦科學關注的松果體區域形成有趣對話。作為濃縮唐宋以降三教思想精華的經典，它不僅為研究中國心性哲學提供密鑰，更為現代人探索身心整合之道開闢了傳統智慧的參照路徑。

第二章 元神識神

呂祖曰：天地視人如蜉蝣[①]，大道視天地亦泡影。惟元神眞性，則超元會而上之[②]，其精氣則隨天地而敗壞矣。然有元神在，卽無極也，生天生地，皆由此矣。學人但能守護元神，則超生在陰陽之外，不在三界之中[③]。此惟見性方可[④]，所謂本來面目也。

凡人投胎時，元神居方寸，而識神則居下心。下面血肉心，形如大桃，有肺以覆翼之，肝佐之，大小腸承之。假如一日不食，心上便大不自在，以至聞驚而跳，聞怒而悶，見死亡則悲，見美色則眩，頭上天心何嘗微微些動也。問：天心不能動乎?方寸中之眞意，如何能動?到動時便不妙，然亦最妙。凡人死時方動，此爲不妙。最妙者，光已凝結爲法身，漸漸靈通欲動矣，此千古不傳之秘也⑤。

下識心，如強藩悍將，欺天君闇弱，便遙執紀綱，久之太阿倒置矣⑥。今凝守元宮⑦，如英明之主在上，二目回光，如左右大臣盡心輔弼，內政既肅，自然一切奸雄，無不倒戈乞命矣。

丹道，以精水、神火、意土三者，爲無上之訣。精水云何?乃先天眞一之炁，神火即光也，意土即中宮天心也。以神火爲用，意土爲體，精水爲基。凡人以意生身，身不止七尺者爲身也，蓋身中有魄焉。魄附識而用，識依魄而生。魄，陰也，識之體也。識不斷，則生生世世，魄之變形易質無已也。惟有魂，神之所藏也。魂晝寓於目，夜舍於肝，寓目而視，舍肝而夢。夢者神遊也，九天九地[8]，剎那歷遍。覺則冥冥焉，淵淵焉，拘於形也，卽拘於魄也。故回光所以鍊魂，卽所以保神，卽所以制魄，卽所以斷識。古人出世法[9]，鍊盡陰滓，以返純乾，不過消魄全魂耳。

回光者，消陰制魄之訣也。雖無返乾之功，止有回光之訣。光卽乾也，回之卽返之也。只守此法，自然精水充足，神火發生，意土凝定，而聖胎可結矣[10]。蜣螂轉丸[11]，而丸中生白，神注之純功也。糞丸中尚可生胎離殼，而吾天心休息處，注神於此，安得不生身乎[12]？

一靈眞性，旣落乾宮，便分魂魄。魂在天心，陽也，輕清之炁也，此自太虛得來，與元始同形。魄，陰也，沉濁之氣也，附於有形之凡心。魂好生，魄望死。一切好色動氣，皆魄之所爲，即識神也。死後享血食[13]，活則大苦，陰返陰也，物以類聚也。學人鍊盡陰魄，即爲純陽也。

【注釋】

①蜉蝣：蟲名。幼蟲生活在水中，成蟲褐綠色，有四翅，生存期極短。常以此比喻生命的短暫。

②元會：元會運世的簡稱，北宋邵雍所創的天地生滅的計算單位，一會為10800年，一元為129600年。

③三界：佛教指眾生輪回的欲界、色界和無色界。

④見性方可：閔一得在此句下有按語：此「見性方可」四字是棒喝，萬不可刪。而謄本刪之，今仍補入。祖意蓋言人於大道，乃有行而不能入、得

而不能守者，總以未見真性本體，不能無疑。大障隨之，此其所以不入不守也。非真見而曰守，不過守所聞焉耳。若果能見，未有不能守也。故祖聖意，重在見性一邊。一得故知此章四字為棒喝，是承上章而來也。

⑤千古不傳之秘：閔一得在此句下有按語：謹按：千古不傳之秘，非僅光凝法身一節。如云元神居方寸，識神居下心。古哲未嘗一併指示，而後學乃有誤認識心為心，而加之以運注，翻著有為，以致助火。蓋此血肉心體，識神所依，屬陰火，惟宜致寂致虛而致無者。元神乃真性，來自乾，亦屬火，天火也。祖師故並標而出之。

⑥太阿：喻權柄。

⑦元宮：即天心。

⑧九天九地：原指天上的最高層和地的最深處。後比喻兩者相差極遠。

⑨出世法：佛教謂達到超脫生死境界之法。

⑩聖胎：道教金丹的別名。內丹家以母體結胎比喻凝聚精、氣、神三者所煉成之丹，故名。

⑪蜣螂轉丸：蜣螂把糞推滾成球形。常指一種天然的低下的本能。

⑫安得不生身乎：閔一得在此句下有按語：此功法，究其入手，以回光聚天池。是由泥丸外宮，懸於天目，有如日然。以意引由絳闕，存照中黃，透入玄竅，乃達神室。既則牽降識神，下達下田，其時必有津液護識神而就冶煉者也。斯篇妙語，乃樵雲大師，得自駐世神人李蓬頭者。神人本性瞿，故明殉節忠宣公諱式耜之子，管天仙亦以師禮事之者。乾隆四十三年，雲遊至金蓋。斯時樵雲大師，尚未皈依太虛也。越四載，太虛翁至，諭將斯論注於是章之下，今故述之。此是回光聚泥丸以後工法。大忌躁妄，又忌散漫與昏沉。法惟萬慮皆

空，一念不擾，待得天心一開，則自油然照入。是時也，不獨一身百竅，竅竅放光，大地天元三才三寶，皆可悠然感至者。故我斯時，總以不採採之，其妙更無窮焉。而祖師不之示者，恐學者鄞鄂未固，而世財未充，且於言外藏有妙義，不可不為述及也。蓋神室毗連絳闕，絳闕一地，純以無作無為為事。如是寂體寂照，絳闕乃涼，識神有制。始自隨神下降下田，受烹受煉，而無逆違之驗，其妙在於一念虛寂，則六賊六根，自無駐足處。中宮始泰，元神得以臨涖，而胎元有兆矣。祖師玄意蓋如此。是即無為功裏施功之作用，而即儒之使由不使知也。

⑬享血食：謂受享祭品。古代殺牲取血以祭，故稱。

【譯文】

呂祖說：天地視人如蜉蝣，而大道視天地也

如泡影。惟有人類的元神真性，能夠超越漫長的時空而長久存在，但人們的精氣卻隨著天地而敗壞了，無法持久。好在元神尚在，就是所謂的「無極」，天地都是從那裏創生出來的。修煉之人只要把元神守護住，就可以超生在陰陽之外，不在三界之中。當然，這要見到真性才行，而真性就是所謂的本來面目。

凡人投胎的時候，元神居於雙目方寸之地，而識神則居於下面的心內。這裏有個形如大桃的血肉之心，有肺葉遮擋保護著它，肝在一旁輔助，大小腸在下面承接。假如一日不食，心裏就會很不舒服，以至聽到可怕之事就會心跳加速，聽到憤怒之事就會無比煩悶，見到死亡就會悲傷不已，見到美色就會目眩神迷，但頭上的天心卻何曾有過些微的動搖呢？問：天心不能動嗎？方寸之中的真意，如何能動？一到動時便不妙了，然而也是最妙了。凡人死時才動，這為不妙。而最妙則是光已凝結為法身，天心真意漸漸靈通欲動，這是千古不傳的秘密。

下識心，有如強大的藩王以及勇猛的將領，欺負在上位不明事理又軟弱無能的君主，他們在外遙控朝綱，久而久之，權柄便顛倒了。現在若能凝神固守天心，就如英明的君主居於上位，雙目回光，有如左右大臣盡心輔弼，內部政務整肅有序，一切奸雄，自然無不倒戈求饒了。

丹道，將精水、神火、意土三者視為至高無上的法訣。那麼，什麼是精水呢？就是先天真一之炁；神火，就是光；意土，就是中宮的天心。以神火為功用，以意土為本體，以精水為基礎。凡人認為身體是由意土所生，然而身體不只是七尺之軀，因為身體中還有魄。魄依附於識而發揮功用，識依附魄而存在。魄屬於陰性，是識的本體。如果識不斷絕，那麼生生世世，魄就會不斷改變形質，永不停止。只有魂，是神的藏身之所。魂在白天寄居在眼睛裏，到了晚上則宿於肝臟中，在眼中可以讓我們看到事物，宿於肝中可讓我們做夢。夢，是神在遊歷，可以在剎那間遍歷九天九地。醒來後，卻變成冥冥無知、糊裏糊塗的狀態，這是因為被身體所束，其實就是受到了魄的束縛。因此，回光是為了煉魂，為了保神，為了制魄，為了斷識。古人出世修煉，就是要煉盡陰性雜質，從而返回純陽之身，其實不過是為了消除魄的束縛，保全魂的純粹罷了。

回光法，正是消除陰、制約魄的訣竅。雖然沒有讓身體返回乾陽的功效，卻有回光之法的秘訣。光，即乾陽，回光即返光。只需堅守此法，自然精水充足，神火出現，意土凝定，聖胎便可形成了。就如蜣螂不斷推滾糞球，糞球中竟能生出白色幼蟲，這是全神貫注的功效。糞球裏尚能孕育生命、脫離外殼，更何況我們的天心，也就是元神休息之地，將注意力集中在這裏，怎能不孕育出聖胎呢？

一元真靈真性，一旦落入乾宮，便分出了魂和魄。魂居天心，屬性為陽，是輕清之炁，此炁是從太虛中得來，與宇宙元始狀態同形。魄，屬性為陰，是沉濁之氣，附著在有形的凡心之上。魂喜好生，魄則盼望死。一切好色、動氣等行為，都是魄在起作用，這就是識神。魄在人死後能享受血食，卻在人活著的時候給人帶來很大的苦惱，因為魄的屬性為陰，人死後魄便可回歸陰性世界，這就是物以類聚的道理。修習丹道的人如果能夠煉盡陰魄，就能達到純陽之體了。

【解讀】

在本章中，呂祖深刻揭示了人與天地、大道之間的關係，以及修煉元神的重要性。他認為，人在天地之間如同蜉蝣般渺小，而大道看待天地也如同泡影一般虛幻。唯有元神真性能夠超越時間的束縛，而人的精氣則隨天地變化而敗壞。元神的存在，就如同無極一樣，是天地生成的根源。學者若能守護好元神，就能超脫陰陽，不受三界束縛，達到見性的境界，也就是回歸本真的狀態。

人的投胎過程中，元神居於內心，而識神則居於下部。血肉之心如同大桃，被肺覆蓋保護，肝輔助之，大小腸則承載其下。人的各種情緒變化，如驚恐、憤怒、悲傷、眩惑等，都是識神在作祟，而元神則始終不動。修煉的關鍵在於凝守元神，如同英明君主在上，二目回光，如同大臣輔佐，使內心寧靜，消除雜念。

丹道修煉的核心在於精水、神火、意土三者的結合。精水是先天真一之炁，神火即是光，意土則是中宮天心。通過修煉，可以使得精水充足，神火旺盛，意土凝定，從而達到結聖胎的境界。

此外，呂祖還強調了魂魄的區別。魂是陽，魄是陰；魂輕清，魄沉濁。魂藏於神，魄附於形。修煉的目的就是要煉盡陰魄，保全陽魂，達到純陽之境。回光法是消陰制魄的關鍵，通過回光煉魂，可以保神制魄，斷除識神。最終，達到與天地同壽，與大道同體的境界。

第三章 回光守中

呂祖曰：回光之名何昉乎[①]？昉之自文始眞人也(卽關尹子)[②]。回光則天地陰陽之氣無不凝，所謂精思者此也，純炁者此也，純想者此也。初行此訣，乃有中似無，久之功成，身外有身，乃無中似有。百日專功，光才眞，方爲神火。百日後，光中自然。一點眞陽，忽生黍珠[③]，如夫婦交合有胎，便當靜以待之。光之回，卽火候也[④]。

夫元化之中，有陽光爲主宰，有形者爲日，在人爲目，走漏神識，莫此甚順也，故金華之道，全用逆法。回光者，非回一身之精華，直回造化之眞炁；非止一時之妄念，直空千劫之輪迴。故一息當一年，人間時刻也，一息當百年，九途長夜也。

凡人自囝的一聲之後，逐境順生，至老未嘗逆視，陽氣衰滅，便是九幽之界[5]。故《楞嚴經》云：「純想卽飛，純情卽墮。」學人想少情多，沉淪下道。惟諦觀息靜，便成正覺，用逆法也。《陰符經》云[6]：「機在目。」《黃帝素問》云「人身精華，皆上注於空竅」是也。得此一節，長生者在茲，超昇者亦在茲矣，此是貫徹三教工夫。

光不在身中，亦不在身外。山河大地，日月照臨，無非此光，故不獨在身中。聰明智慧，一切運轉，亦無非此光，所以亦不在身外。天地之光華，布滿大千，一身之光華，亦自漫天蓋地。所以一回光，天地山河一切皆回矣。人之精華，上注於目，此人身之大關鍵也。子輩思之，一日不靜坐，此光流轉，何所底止？若一刻能靜坐，萬劫千生，從此了徹。萬法歸於靜，眞不可思議，此妙諦也。然工夫下手，由淺入深，由粗入細，總以不間斷爲妙。工夫始終則一，但其間冷暖自知，要歸於天空海闊，萬法如如，方爲得手。

聖聖相傳，不離反照。孔云「致知」，釋號「觀心」，老云「內觀」，皆此法也。

但反照二字，人人能言，不能得手，未識二字之義耳。反者，自知覺之心，反乎形神未兆之初，卽吾六尺之中，反求個天地未生之體。今人但一二時中間靜坐，反顧己私，便云反照，安得到頭？

佛道二祖，教人看鼻尖者，非謂著念於鼻端也，亦非謂眼觀鼻端，念又注中黃也。眼之所至，心亦至焉，何能一上而一下也，又何能忽上而忽下也?此皆誤指而爲月。畢竟如何?曰鼻端二字最妙，只是借鼻以爲眼之準耳。初不在鼻上，蓋以大開眼，則視遠，而不見鼻矣。太閉眼，則眼合，亦不見鼻矣。大開，失之外走，易於散亂。太閉，失之內馳，易於昏沉。惟垂簾得中，恰好望見鼻端，故取以爲準。只是垂簾恰好，任彼光自然透入，不勞你注射與不注射⑦。看鼻端，只於最初入靜處，舉眼一視，定個準則便放下。如泥水匠人用線一般，彼自起手一掛，便依了做上去，不只管把線看也。

止觀是佛法，原不秘的⑧。以兩目諦觀鼻端，正身安坐，繫心緣中(道言中黃，佛言緣中，其實一也)，不必言頭中，但於兩目中間齊平處，繫念便了。光是活潑潑的東西，繫念於兩目中間，光自然透入，不必著意於中宮也。此數語，已括盡要旨。其餘入靜出靜前後，以《小止觀》書印證可也[9]。

緣中二字極妙。中無不在，遍大千皆在裏許，聊指造化之機，緣此入門耳。緣者緣此爲端倪，非有定著也。此二字之義，活甚妙甚。

止觀二字，原離不得，卽定慧也。以後凡念起時，不要仍舊兀坐，當究此念在何處，從何起，從何滅，反覆推窮，了不可得，卽見此念起處也，不要又討過起處，「覓心，了不可得，吾與汝安心竟」，此是正觀。反此者，名爲邪觀。如是不可得已，卽仍舊綿綿去止，而繼之以觀，觀而繼之以止，是定慧雙修，此爲回光。回者止也，光者觀也。止而不觀，名爲有回而無光。觀而不止，名爲有光而無回。誌之[10]。

【注釋】

①昉：起始。

②文始真人：即尹喜，字文公，號文始先生。據傳老子行至函谷關，應關令尹喜之請著《道德經》，而後西去。

③黍珠：此指丹藥。

④閔一得注：回光之益之妙，本文詳矣。回光得聚之訣亦備矣，然猶有欲取先與玄妙一訣，可引而伸之，其訣乃放光以引耳。放光妙用，在知廓其氣機，欲廓氣機在知氣透九霄，欲行上透須知下達。下達作用，須先目光聚於乾宮。光足則下達中下，乃穿閭後透頂而上。透愈高，現愈廣。覺廣，仍以事回耳。此未傳之秘也。

⑤九幽：極深暗的地方，指地下。引申為陰間。

⑥《陰符經》：全稱《黃帝陰符經》或《軒轅黃帝

陰符經》，也稱《黃帝天機經》，只有300多字，作者不詳。

⑦閔一得注：天心章言以意引臨心後關前，是示工夫已到之人，統說回光之全功也。此言不必念又注中黃，是教初學凝神一處以聚光，不可分心兩處也。待得透入之後，則鼻尖是指，中黃是月。看鼻尖者，用以為眼之准，使無外走內馳之弊，惟垂簾為得中。然意初不在鼻而在天目，所以聚光於此。光既得聚，則又須引光下注中黃。蓋以中黃，在人身地天之正中，即《易》之「黃中」，釋氏所謂「緣中」，吾宗名曰「玄牝之門」，乃是生天、生地、生人、生物之玄竅，修真成道之基。基於此者，初學如何便得注此？故須假鼻尖以為准，始得光聚天目。天目為三光之都會，而山根為人身之性戶。上達泥丸，中達黃中，下通臍後者。故須凝聚光於此處，由此而下注，是乃不易之功法。然忌太著意，

又忌無意，兼忌躐等而進。其理如此，必須循序而行。尤須無滯無脫，密密綿綿，一任自然，總以光聚黃中為得也。

⑧慧真子注：祖師恐世人誤以為止觀是仙佛不傳之秘點，故首先道破止觀是佛法，原不秘的，不過為初學之階耳。

⑨《小止觀》：又名《童蒙止觀》《修習止觀坐禪法要》，隋代智顗大師所著。

⑩閔一得注：止觀，原文有此。推究功法，是為未見心體，且不真信心體本虛、本無、本淨、本寂，故有等等推究，造至了不可得。蓋已為汝安心竟也，此一句，是為即境指點法。若已見性，一照即覺，妄自遁矣，不勞推究；妄去體驗，不勞尋覓，然只可為已見性者道。若未見性，必令從推究體得，尚須當下點破，信根方堅，疑根方斷也。此後綿綿行去，但囑勿動勿隨，憑他妄說彌天蓋地，

而吾體自存。種種妄說，一切如浮雲之點太虛，與我何損之有？蓋此種種妄說，乃是氣機，第無淨盡之理。一起掃除之念，此念即妄，此起即著。古德云：「驅除煩惱重增念，趨向真如即是邪。」故吾宗但囑勿動，動則非逐即隨。豈僅亂性已哉？謹按此節祖意，乃在知止，故有等等推究功法也。吾輩事之，但加心信以行。一味返妄歸真，返妄歸真，不外回字。回光自返，無勞引導。一得寂體宗旨，謂當靜也照，動也照，第照字須若春之日，秋之月，乃為得宜耳。

【譯文】

呂祖說：「回光」這個名詞始於何人？應該是從文始真人（即關尹子）開始的。回光時，天地間的陰陽之氣無不凝聚，所謂「精思」「純炁」「純想」，講的都是這個。剛開始修行這一功訣時，是「有中似無」；久而久之，大功告成，達到身外有身的程度，就是「無中似有」。需要專心練功百日，所現之光才能達到真的境界，那才是真正的神火。百日之後，光會自然凝聚。人體中的一點真陽，忽然生出如黍粒般大小的光珠，就如夫婦交合後會懷胎一樣，此時應平靜等待。光的回轉過程，就是人們常說的「火候」。

在天地造化之中，陽性的光是主宰，有形的天體就是太陽，在人身上就是雙眼，神識的走漏，無不因為真炁的順行。所以金華之道完全採用逆法。回光，不是返回一身的精華，而是直接返回造化中的真炁；不是止住一時的妄念，而是直接擺脱千劫的輪回。所以把一呼一吸當作一年，是人間的時刻；把一呼一吸當作百年，那就是九泉之下的漫漫長夜了。

凡人自從娘胎中「呱」的一聲落地之後，就開始隨順著環境生活，一直到老都不曾逆視過，直至陽氣逐漸衰滅，便來到陰性的九幽之界。所以《楞嚴經》上說：「純想即飛，純情即墮。」學道之人如果靜思少、情欲多，便會沉淪在下道之中。只有內觀靜思，方能成為正覺，這裏用的正是逆法。《陰符經》上也說：「機在目。」《黃帝內經·素問》上說：「人身精華，皆上注於空竅。」它們都在強調這個。懂得了這一章所講的道理，長生之術就在這裏了，飛昇之術也蘊含其中了。這是貫穿了儒、釋、道三教的功夫。

光不在身中，也不在身外。山河大地，受到日月照耀，無不是這種光，所以它不只在身中。我們的聰明智慧，以及一切事物的運轉，也無不源於這種光，因此它也不在身外。天地的光華，遍布整個大千世界，而一個人身上的光華，也能鋪天蓋地。所以，我們一旦回光，天地山河一切事物都會隨之回光了。人的精華，上注於雙目，這是人身的一個大關鍵。你們想一想，若一日不靜坐，這種光就會四處流轉，要到何去休息停歇？若能靜坐一刻，即使萬劫千生，也能從此徹底了結。萬法歸於靜，真是不可思議，此乃精妙之真諦。然而，修煉這種功夫，要由淺入深，由粗到細，總之要以不間斷為妙。功夫的始終都是一貫的，但其中的冷暖卻只有自己知道。要達到海闊天空、萬法如如的境界，才算是真正得手了。

聖人世代相傳之法，都不離「反照」二字。儒家說「致知」，佛家稱「觀心」，道家說「內觀」，都是同樣的方法。

但是「反照」二字，雖然人人都能說，卻不是人人都能真正做到的，那是因為他們並沒有真正理解這兩個字的含義罷了。「反」，是指從自己的知覺之心，返回到形神尚未顯現出跡象的原始狀態，也就是在我們這個六尺之軀中，去反求天地未生之前的本體。現在的人只是一兩個時辰的靜坐，反思一下自己的私念，就說是「反照」，怎麼可能得到終極結果呢？

佛教和道教的兩位祖師，都教人看鼻尖，並不是說要把意念集中在鼻端，也不是眼睛盯著鼻端，意念又關注在中黃處。眼睛看到哪裏，心也就跟著到哪裏，如何能同時做到一上又一下，而又如何能做到忽上又忽下呢？這都是誤把指月的手指當成了月亮。那究竟要怎麼做呢？我說「鼻端」二字用得最妙，只是借鼻端作為眼觀的參照點罷了。最初的本意並不在鼻子上，因為如果大睜雙眼，就會看得很遠，反而看不到鼻端了。眼睛如果太過緊閉，就合上了，也看不到鼻端了。

雙眼大開，精氣就會外泄，容易散亂。眼睛閉得太緊，精氣就會內馳，容易昏沉。只有半睜半閉的眼簾低垂狀態剛剛好，恰好能看到鼻端，所以就以此為參照。只是保持這種眼簾低垂的狀態就好，任憑那外界的光自然透進來，就不勞你自己刻意地注視或者不注視了。看鼻端，只是在最初入靜時，抬眼看一下，定個準則便放下。就像泥水匠人吊線一樣，從他起手把線掛好，然後就照著這根線一直向上砌，並不是一直盯著這根線看的。

「止觀」屬於佛法的內容，原本也不是什麼秘密。用兩眼仔細觀看鼻端，正身安坐，把心專注在「緣中」（道家說「中黃」，佛家說「緣中」，都是一回事兒），不一定非說在頭中，初學時只需將意念專注在兩眼中間，與眼睛齊平之處就可以了。光是活潑潑的東西，只要將意念專注於兩目中間，光自然會透入，不必特別著意於中黃處。此寥寥數語，已將「止觀」的功法要旨概括完了。其餘關於入靜出靜前後的相關事宜，可以《小止觀》這本書來印證。

「緣中」二字甚妙。「中」無處不在，可將整個大千世界囊括其中，這裏也只是略微指出造化的機妙，讓人由此入門罷了。所以緣字是由此為端倪，並不是固定不變的。這兩個字的含義真是太靈活、太奇妙了。

「止」「觀」二字，原本就是分不開的，就是「定」和「慧」。以後靜坐，每當雜念起時，不要仍舊端坐不動，應當探究這個念頭在何處，從何處起，從何處滅，反復推敲，直到探究不出結果時，就會發現，這恰是念頭的起處，但不要又去追究這個起處了，所謂「覓心，了不可得，吾與汝安心竟」（尋覓不到心在哪裏，但我已經讓你的心安下來了），這就是「正觀」。反之，就叫「邪觀」。若是這樣還了不可得，那就仍舊綿綿不斷地去止住它，止住後繼續觀它，在觀的基礎上再止住，這是定慧雙修的方法，也就是「回光」。「回」就是止，「光」就是觀。止而不觀，就叫有回而無光；觀而不止，就叫有光而無回。請記住這一點。

【解讀】

在本章中，呂祖闡述了回光守中的修煉法門，此法門源自文始真人（關尹子）。回光意味著凝聚天地陰陽之氣，達到精思、純炁、純想的境界。初學者在修煉時，會感受到似有若無的狀態，但長久堅持，最終能身外化身，達到無中似有的境界。百日專注修煉，方能產生真正的神火，光中生出真陽，如同夫婦交合孕育新生命，需靜待其成。回光的過程，即為火候的掌握。

在宇宙萬物中，陽光為主宰，在人體對應雙目。為避免神識洩露，需採用逆法修煉。回光不僅是凝聚一身精華，更是回歸造化的真炁；不僅是消除一時的妄念，更是超脫千劫的輪回。修煉需持之以恆，一刻的靜坐，便能洞徹萬劫千生的奧祕。

光既不在身內，也不在身外，而是遍布山河大地，與天地光華相呼應。人的精華上注於目，這是人身修煉的關鍵。靜坐修煉，能讓光華流轉，洞察萬物。修煉要由淺入深，由粗入細，不間斷為妙。最終要達到心境如天空海闊，萬法如如的境界。

聖人們傳授的修煉方法，都離不開反照。無論是儒家的「致知」，佛教的「觀心」，還是道家的「內觀」，都是這一法門的體現。但反照並非人人能掌握，關鍵在於理解其深層含義。反照是回歸形神未兆之初，尋找天地未生的本體。

佛道二祖教人看鼻尖，並非專注鼻端，而是借鼻為眼之準，達到心靜神凝的境界。修煉時，應正身安坐，繫心於兩目中間，光自然透入，無需刻意注視中宮。緣中二字極妙，表示中無處不在，是大千世界的造化之機。

止觀是佛法中的修煉方法，與定慧相應。修煉時，當念頭起時，應探究其來源與去處，反復推究，直至念頭消失，此為正觀。回光即止觀結合，止而不觀，有回而無光；觀而不止，有光而無回。需銘記於心，方能修煉有成。

第四章 回光調息

呂祖曰：宗旨只要純心行去，不求驗而驗自至。大約初機病痛，昏沉、散亂，二種盡之。卻此有機竅，無過寄心於息。息者，自心也。自心爲息，心一動而卽有氣，氣本心之化也。吾人念至速，霎頃一妄念，卽一呼吸應之。故內呼吸與外呼吸，如聲響之相隨，一日有幾萬息，卽有幾萬妄念。神明漏盡，如木槁灰死矣。然則欲無念乎?不能無念也。欲無息乎?不能無息也。莫若卽其病而爲藥，則心息相依是已。故回光兼之以調息，此法全用耳光。一是目光，一是耳光。目光者，外日月交光也。耳光者，內日月交精也。然精卽光之凝定處，同出而異名也，故聰明總一靈光而已。

坐時用目垂簾後，定個準則便放下。然竟放下，又恐不能，卽存心於聽息。息之出入，不可使耳聞，聽惟聽其無聲也。一有聲，便粗浮而不入細，卽耐心輕輕微微些，愈放愈微，愈微愈靜。久之，忽然微者遽斷，此則眞息現前，而心體可識矣。蓋心細則息細，心一則動炁也。息細則心細，炁一則動心也。定心必先之以養炁者，亦以心無處入手，故緣炁爲之端倪，所謂純炁之守也[1]。

子輩不明動字，動者以線索牽動言，卽制字之別名也。卽可以奔趨使之動，獨不可以純靜使之寧乎？此大聖人視心炁之交，而善立方便，以惠後人也。

丹書云：「雞能抱卵心常聽。」此要訣也。蓋雞之所以能生卵者，以暖氣也。暖氣止能溫其殼，不能入其中，則以心引炁入。其聽也，一心注焉，心入則氣入，得暖氣而生矣。故母雞雖有時出外，而常作側耳勢，其神之所注，未常少間也。神之所注，未嘗少間，卽暖氣亦晝夜無間，而神活矣。神活者，由其心之先死也。人能死心，元神活矣，死心非枯槁之謂，乃專一不分之謂也。佛云：「置心一處，無事不辦。」心易走，卽以炁純之；炁易粗，卽以心細之。如此而焉有不定者乎？

大約昏沉、散亂二病，只要靜功，日日無間，自有大休息處。若不靜坐時，雖有散亂，亦不自知。旣知散亂，卽是卻散亂之機也。昏沉而不知，與昏沉而知，相去奚啻千里。不知之昏沉，眞昏沉也；知之昏沉，非全昏沉也，清明在是矣。

散亂者，神馳也；昏沉者，神未清也。散亂易治，而昏沉難醫。辟之病焉，有痛有癢者，藥之可也；昏沉，則麻木不仁之症也。散者可以收之，亂者可以整之；若昏沉，則蠢蠢焉，冥冥焉。散亂尚有方所，至昏沉，全是魄用事也。散亂尚有魂在，至昏沉則純陰爲主矣。

靜坐時欲睡去，便是昏沉。卻昏沉，只在調息。息卽口鼻出入之息，雖非眞息，而眞息之出入，亦於此寄焉。凡坐須要靜心純炁，心何以靜?用在息上。息之出入，惟心自知，不可使耳聞。不聞則細，細則淸。聞則氣粗，粗則濁，濁則昏沉而欲睡，自然之理也。雖然心用在息上，又善要會用，亦是不用之用，只要微微照聽可耳。

此句有微義，何謂照?卽眼光自照。每惟內

視而不外視，不外視而惺然者，即內視也，非實有內視。何謂聽?即耳光自聽，耳惟內聽，而不外聽，不外聽而惺然者，即內聽也，非實有內聽。聽者聽其無聲，視者視其無形。目不外視，耳不外聽，則閉而欲內馳。惟內視內聽，則既不外走，又不內馳，而中不昏沉矣，此即日月交精交光也。

昏沉欲睡，即起散步，神清再坐。清晨有暇，坐一炷香爲妙。過午人事多擾，易落昏沉，然亦不必限定一炷香，只要諸緣放下，靜坐片時，久久便有入頭，不落昏沉睡者。

【注釋】

①閔一得注：調息用耳光，秘法也。然有耳聾一輩，息之粗細不得聞，奈何？是當體之以覺。蓋以氣由心化，心無形，其粗其細，不易覺。氣則

無質而尚有跡，可體覺也。跡粗則加靜其心，心靜則跡自細，而息已微矣。跡造至無，則息已造真息矣。較用耳光，得調更速。故古有調息不若調心之妙用也。年老耳聾之人，舍是體覺一訣。此步功夫，終難入彀也。況覺乃性精，跡乃命末，是亦有性命相顧之義，先師太虛翁，曾為高海留言之，謹採補祖示之所未及。

【譯文】

呂祖說：只要潛心按照《太乙金華宗旨》去修行，不刻意尋求效驗而效驗自會顯現。大概初學者最容易出現頭腦昏沉和心神散亂這兩種問題。解決這兩個問題是有訣竅的，無過於將心念放在調息上。「息」字，由「自」和「心」組成。自心為息，心一動就有了氣，氣本是心意所化生的。我們的念頭在高速運轉，一瞬間的妄念，就會引起一次呼吸回應。所以，內在的呼吸與外在的呼吸就如聲音與回響一樣緊緊相隨，一天有幾萬息，就有幾萬個妄念與之相應。如果心神漏盡，人就如槁木死灰一般了。然而，人能做到無念嗎？那是不可能的。那能做到無息嗎？也是不可能的。因此，不如對症下藥，即讓心與息相互依存。所以，在回光的過程中，必須兼顧調息，此法全用耳光。回光之法一是目光，一是耳光。目光，相當於聚集了外面的日月之光。耳光，相當於彙聚了內在的心腎之精。然而，精其實就是光的凝定狀態，雖然名稱不同，但本質上都是一樣的，所以耳光和目光都是一種靈光而已。

靜坐時，雙目垂簾後，看下鼻端，定個準則，然後就將所有的念頭都放下。然而，即便如此，若想全部放下，恐怕也無法做到，因此需將心念集中在聽息上。氣息的出入，不能讓耳朵聽到，只是聽那種無聲的狀態。一旦聽到氣息聲，便意味著呼吸粗浮而沒有進入細微的狀態，這就需要耐心地，輕輕、微微地調整氣息，心越放下，氣息就越輕微；氣息越輕微，心就越寧靜。久而久之，忽然那細微的氣息也遽然斷掉了，這是真息現前了，而心的本體就可以辨識了。因為心念細微時，氣息也會變得細微；心念專一時，就會調動真炁。氣息細微時，心念也會變得細微；真炁動時，則會引發心念變動。定心之前要先養炁，這也是因為心無處入手，所以通過調息的方法來入手，這就是所謂的「純炁之守」了。

你們不太明白「動」字的含義，若拿繩索拉動物體來說，「動」就是「制」字的別名了。既然我們可以通過牽引前趨使其動起來，那為什麼不可以通過保持純粹的靜謐來使其安寧呢？這是大聖人們通過觀察心炁之交的關係，從而巧妙地設立方便之法，來惠及後人啊。

丹書上說：「雞能抱卵心常聽。」這是一個重要的秘訣。雞之所以能孵卵，是因為它用了暖氣。暖氣只能溫暖蛋殼，卻不能進到蛋內，這就需要通過心意將炁息引導進去。母雞在孵卵的過程中，一心專注在蛋上，心念進到蛋殼內，氣息也隨之而進入，蛋因得到暖氣而孵化。所以，母雞雖然有時外出，也會經常保持側耳傾聽的姿勢，它的心念從未間斷過對蛋的關注。正因為它的心念時刻關注在蛋上，從未間斷，因此暖氣也是晝夜沒有間斷地傳遞給蛋，於是蛋內的生命便被啟動了。這種神活的狀態，是由於母雞先把自己的心放下了。如果人能做到死心，那他的元神也就活了，這裏所說的死心並非令心枯槁，而是指專心致志之意。佛說：「置心一處，無事不辦。」心容易動，就用調息的方式來使它穩定；

炁容易粗，就用心來使它輕細。如此一來，心又怎會定不下來呢？

大體來說，昏沉和散亂這兩種問題，只要每天堅持靜坐不間斷，自會有大的改善。若不靜坐時，雖然有散亂的情況出現，自己卻察覺不到。察覺到散亂情況時，便已找到克服散亂的契機了。處在昏沉狀態而不知，與雖處昏沉卻能覺知，二者相差何止千里。無法覺知的昏沉，那是真正的昏沉；能夠覺知的昏沉，並非完全的昏沉，還有幾分清明在裏面。

散亂，是心神外馳；昏沉，則是心神不清。散亂易治，而昏沉難醫。就如生病一樣，有痛有癢的病症，可以通過藥物治療；昏沉則如麻木不仁的病症一樣，不易治療。對於散的情況可以收斂，亂的情況可以整理；但是像是昏沉的情況，則是糊裏糊塗，冥頑不靈了。散亂至少還有個下手之處，至於昏沉，則全是魄在主宰了。散亂時至少魂還在發揮作用，至於昏沉，則全是陰性力量在掌控了。

靜坐時若感到昏昏欲睡，便是陷入了昏沉狀態。克服昏沉的方法就在於調息。息即通過口鼻出入的氣息，雖然並非真息，但真息的出入也是寄託在這一呼一吸之中的。在靜坐時必須靜心純炁，那麼心怎麼能靜下來呢？關鍵就在調息上。氣息的出入只有自心能夠感知，不要讓耳朵聽到。如果聽不到氣息出入的聲音，就説明氣息很細，氣息一細，就説明心很清明。如果聽到了氣息出入的聲音，就説明氣息很粗，一粗就濁，渾濁的氣息會令人昏沉而欲睡，這是很自然的道理。雖然把心用在了調息上，還要善於應用，這也是一種不用之用，只要微微照聽就可以了。

這句話可稱得上微言大義，什麼是「照」？

就是以眼光自照。眼睛只是向內看而不向外看，雖然沒有向外看，但內心是清明的，就是內視了，而非真實的向內看。什麼是「聽」呢？就是耳光自聽，耳朵只是向內聽而不向外聽，雖然沒有向外聽，但卻保持內心清明的狀態，就是內聽了，並非真實的向內聽。聽，要聽其無聲；視，要視其無形。如果只是眼睛不向外看，耳朵不向外聽，則易產生心神閉塞而欲望在內馳騁的情況。只有內視內聽，才能讓心神既不外走，又不內馳，從而避免落入昏沉狀態，這就是日月交精交光之法。

若是感到昏沉欲睡，就起來散步，待神清後再繼續靜坐。清晨若有閒暇，最好能靜坐一炷香的時間。過午之後人事紛擾，容易落入昏沉狀態，當然也不必限定一炷香的時間，只要萬緣放下，靜坐片刻，久而久之便有收穫，並且不會落入昏沉欲睡的狀態了。

【解讀】

在本章中，呂祖強調修行的關鍵在於保持純淨之心，不刻意追求驗證，驗證自然會到來。初學者常遇到的問題是昏沉和散亂，而解決之道在於將心寄托於呼吸之上。呼吸即是自心，心動則氣動，氣是心的變化。人的念頭極速，每一個妄念都伴隨著一次呼吸，內外呼吸如影隨形。因此，要想神明不漏，就要調節呼吸，使心息相依。

回光調息之法，重在運用耳光和目光。目光關注外在日月之光，而耳光則聆聽內在日月之精。其實，精與光是同一事物的不同表現，都源於一靈之光。修行時，目光應微微下垂，專注於一點後放下，若難以專注，則可轉而聆聽呼吸之聲，但聽其無聲，愈微愈靜，直至真息現前，心體可識。

修行者需明白，「動」即是以線索牽動之意，也就是「制」的別名。通過專注於呼吸，可以使心氣相交，達到寧靜的境界。如同母雞抱卵，專心致志，神之所注，未嘗少間，方能生出新生命。人能死心，元神即活，死心並非枯槁，而是專一不分之謂。

昏沉與散亂是修行中的兩大病痛，需通過靜坐功夫，日日無間，方能有大休息處。昏沉如同麻木不仁之症，比散亂更難醫治。調息是解決昏沉的關鍵，呼吸之出入，惟心自知，不可使耳聞。聞則氣粗，粗則濁，濁則昏沉欲睡。因此，修行時要內視內聽，既不外走，又不內馳，中不昏沉，此即日月交精交光之義。

若修行時昏沉欲睡，即應起身散步，神清气爽後再坐。清晨時光清靜，坐一炷香時間為妙。

過午後人事多擾，易落昏沉，但也不必限定時間，只要放下諸緣，靜坐片時，久久便能入定，不落昏沉睡境。

第五章 回光差謬

呂祖曰：諸子工夫，漸漸純熟，然枯木巖前錯落多，正要細細開示。此中消息，身到方知，吾今則可以言矣。吾宗與禪宗不同，有一步一步徵驗，請先言其差別處，然後再言徵驗。

宗旨將行之際，預作方便，勿多用心，放教活潑潑地，令氣和心適，然後入靜。靜時正要得機得竅，不可坐在無事甲裏，所謂無記空也[①]。萬緣放下之中，惺惺自若也；又不可以意興承當，凡太認眞，卽易有此。非言不宜認眞，但眞消息，在若存若亡之間[②]，以有意無意，得之可也。惺惺不昧之中[3]，放下自若也，又不可墮於蘊界[4]，所謂蘊界者，乃五陰魔用事[5]。

如一般入定，而槁木死灰之意多，大地陽春之意少。此則落於陰界，其炁冷，其息沉，且有許多寒衰景象，久之便墮木石。又不可隨於萬緣，如一入靜，而無端衆緒忽至，欲卻之不能，隨之反覺順適，此名主爲奴役，久之落於色欲界[6]。上者生天，下者生狸奴中[7]，若狐仙是也。彼在名山中，亦自受用，風月花果，琪樹瑤草[8]，三五百年受用去，多至數千歲，然報盡還生諸趣中[9]。

此數者，皆差路也。差路既知，然後可求徵驗[10]。

【注釋】

①無記：佛教語。謂事物之性體中容，不可記為善，亦不可記為惡者。

②若存若亡：有時記在心裏，有時則忘記掉。《老子》：「上士聞道，勤而行之；中士聞道，若存若亡；下士聞道，大笑之。」後用以形容若有若無，難以捉摸。

③惺惺不昧：清醒而不糊塗。

④蘊界：即「五蘊界」。「五蘊」，佛教指人的色、受、想、行、識五種剎那變化的成分，由這五種成分的暫時結合而形成了個我。

⑤五陰：即「五蘊」。

⑥欲界：原為佛教語。三界之一，包括地獄、人間和六欲天等。以貪欲熾盛為其特徵。後用以指塵世，人世。

⑦狸奴：貓的別名。

⑧琪樹：仙境中的玉樹。瑤草：傳說中的香草。

⑨諸趣：佛教語。六道輪回的別稱。佛教的輪

回說認為人死後神識進入輪回各道。由於自我善惡業力的不同，在六道中昇降浮沉。

⑩慧真子注：此章大義，系祖師指示學者回光工夫差謬之宜曉然。前章既示以調息之為要，此章復恐學者回光時誤入於歧途，故祖師示人曰：「此中消息，身到方知。」蓋調息靜極，若不知和合凝集，將神入於氣穴，非墮於頑空，即入於魔境。此即祖師所謂「枯木岩前錯落多」也。緣垂簾坐久，或見光華彩色發現，或見菩薩神聖降臨，種種幻景，皆非佳鄉，實乃魔境。又或回光靜極，周身氣息未得融和，腎水不能上朝，下元氣冷，其息沉濁。此所謂大地陽和氣少，乃入於空頑之境也。抑或坐久，雜念叢生，止之不住，隨之反覺順適，切不可再坐，再坐反足長火，與身無益。即須放下，徑行片時，俟氣和心適，然後再坐。坐靜總要有覺有知，若得丹田氣息融和溫暖，真陽之機蠢蠢欲動，

方為得竅。既得則不致墮於色欲陰魔之界矣。

【譯文】

呂祖說：諸位的功夫已日漸純熟，然而枯木林立的山岩前有很多容易走錯的岔路，我要把其中關鍵之處詳細地講給大家。這裏面的細節，只有親自體驗後才會明白，我現在可以給大家講一講了。與禪學有所不同的是，我們道學有一步一步的事實依據，請讓我先談談差別處，然後再說徵驗。

在開始修煉《宗旨》所講功法之時，需預先做好準備，切勿多用心，令心神活潑，使氣和心適，然後入靜。靜坐時要掌握時機和竅門，不可貌似輕安坐在甲殼裏一般，但心裏卻不是清明的，所謂陷入無記空的狀態。要在萬緣放下的過程中，保持清醒自如的狀態。但又不可過分刻意為之，凡是太認真之人，都易陷入此境。不是說不應認真，但真正的的修煉卻是在若有似無之間，在有意無意之中，就達到了。在清醒自如的狀態下，自然就放下了，又不可墮入五蘊之界，所謂的蘊界，就是色、受、想、行、識五種陰魔在起作用。

就如一般修煉者入定時，大多如槁木死灰之象，而如大地回春之氣卻很少見。這就是落入陰界了，這時炁是冷的，息是沉的，且有許多寒冷、衰敗的景象，時間一久，便墮入木石之境了。但也不能追隨萬緣，如果一入靜，便有眾多思緒無緣無故到來，想要摒棄卻做不到，隨順它們反倒覺得順適，這就叫「主為奴役」，久而久之，就落入色欲界了。幸運的話可以生於天上，運氣差的就要轉生為狸奴一類的動物了，像狐仙就是這種。它們在名山之中，倒也受用，那些風月花果，玉樹香草，可以享受三五百年，多的可以享用幾千年，但是最終還是要進入六道輪回當中。

以上數種，皆是錯路。既已知道了是錯路，然後就可以求徵驗了。

【解讀】

在本章中，呂祖指出修行者在工夫漸漸純熟的過程中，往往容易陷入誤區。他強調，與禪宗不同，其道門修行有一步一步的徵驗，需要先明辨差別處，再談徵驗。

在修行宗旨將行之際，需要預作方便，保持心境活潑，氣和心適，然後才能入靜。但入靜時並非無所事事，而是要得機得竅，避免陷入無記空的狀態。放下萬緣的同時，要保持清醒自若，但也不能過於認真，因為真正的消息往往存在於若存若亡之間，有意無意之間得之即可。

然而，修行者也容易陷入蘊界，即五陰魔用事，如入定時過於死寂，缺乏生機，久之便會墮入木石之境。另一方面，也不能隨於萬緣，如入靜時被無端眾緒牽引，隨之而覺順適，這會導致主為奴役，久之則落入色欲界。上者可能生天，下者則可能轉生成為如狐仙之類的靈物，雖在名山中自得風月花果，但報盡後仍會輪回諸趣。

這些都是修行中的岔路，只有明辨這些岔路，才能進一步尋求真正的徵驗。因此，修行者需要細心體察，避免陷入這些誤區，才能不斷精進，達到更高的境界。

第六章 回光徵驗

呂祖曰：徵驗亦多，不可以小根小器承當，必思度盡衆生。不可以輕心慢心承當，必須請事斯語。

靜中緜綿無間，神情悅豫，如醉如浴，此爲遍體陽和[①]，金華乍吐也。既而萬籟俱寂，皓月中天，覺大地俱是光明境界，此爲心體開明，金華正放也。既而遍體充實，不畏風霜，人當之興味索然者，我遇之精神更旺，黃金起屋，白玉爲臺，世間腐朽之物，我以眞炁呵之立生，紅血爲乳，七尺肉團，無非金寶，此則金華大凝也。

第一段，是應《觀經》云[2]：「日落大水，行樹法象。」日落者，從混沌立基，無極也。上善若水，清而無瑕，此卽太極主宰，出震之帝也。震爲木，故以行樹象焉，七重行樹，七竅光明也。西北乾方，移一位爲坎，日落大水，乾坎之象。坎爲子方，冬至雷在地中，隱隱隆隆，至震而陽方出地上矣，行樹之象也，餘可類推矣。

第二段，卽肇基於此[3]，大地爲冰，琉璃寶地，光明漸漸凝矣。所以有蓬臺而繼之有佛也，金性卽現，非佛而何？佛者大覺金仙也[4]。此大段徵驗耳。

現在徵驗，可考有三：一則坐去，神入谷中[5]，聞人說話，如隔里許，一一明了，而聲入皆如谷中答響，未嘗不聞，我未嘗一聞，此爲神在谷中，隨時可以自驗。

一則靜中，目光騰騰，滿前皆白，如在雲

中，開眼覓身，無從覓視，此爲虛室生白[6]，內外通明，吉祥止止也[7]。

一則靜中，肉身絪縕，如綿如玉，坐中若留不住，而騰騰上浮，此爲神歸頂天，久之上昇可以立待。

此三者，皆現在可驗者也。然亦是說不盡的，隨人根器，各現殊勝。如《止觀》中所云「善根發相」是也[8]。此事如人飲水，冷暖自知，須自己信得過方眞。

先天一炁，卽在現前證驗中自討。一炁若得，丹亦立成，此一粒眞黍珠也。「一粒復一粒，從微而至著[9]」。有時時之先天，一粒是也；有統體之先天，一粒乃至無量是也。一粒有一粒力量，此要自己膽大，爲第一義。

【注釋】

①陽和：溫暖，和暖。

②《觀經》：佛教經典。《觀無量壽經》的簡稱，又稱《觀無量壽佛經》《無量壽佛觀經》《無量壽觀經》《十六觀經》，與《阿彌陀經》《無量壽經》及《往生論》合稱「三經一論」。

③肇基：謂始創基業。

④大覺金仙：宋徽宗時對佛的稱謂。

⑤谷：此指天谷，即乾宮、天心或玄關一竅。

⑥虛室生白：語出《莊子·人間世》：「瞻彼闋者，虛室生白，吉祥止止。」心無任何雜念，就會悟出「道」來，生出智慧。也常用以形容清澈明朗的境界。

⑦吉祥止止：形容吉祥之事接連而來，不斷出現。

⑧《止觀》：即《童蒙止觀》，又名《修習止觀坐

禪法要》《小止觀》，是天臺宗止觀代表作。

⑨一粒復一粒，從微而至著：語出道家內丹學重要文獻之一的《金丹四百字》，南宗始祖紫陽真人張伯端所著。此語用來比喻真氣累積，能量增多。

【譯文】

呂祖說：回光之法的徵驗也有很多，但下等根器之人卻無法承擔這一境界，一定要有想度盡眾生的願心才可以。不可以輕慢之心來對待，必須依我之言去實行。

在靜中感覺綿綿無間，神情愉悅，有如微醺之中，又如沐浴之後，這就是周身和暖，金華初現之象。既而萬籟俱寂，皓月當空，頓覺大地都成了光明境界，這便是心體開明，金華正放之象。既而遍體充實，不懼風霜，人們遇到這種情況常會興味索然，而我卻精神更旺，有如以黃金建屋，以白玉為臺，這世間的腐朽之物，我用真炁去呵它，立刻煥發生機，紅血都變成了乳汁，七尺之軀，皆為金寶，這便是金華大凝之象。

第一階段的徵驗，正應了佛家《觀無量壽經》所説：「日落大水，行樹法象。」「日落」，象徵著在混沌中建立基礎，也就是無極的狀態。「大水」，則與《道德經》上所説的「上善若水」相符，清澈無瑕，那就是由無極演化出的太極在主宰萬物，也就是《易經·説卦》所謂的「帝出乎震」。「震」在五行中屬木，因此用行樹來作為表像，這裏的七重行樹，象徵七竅光明。乾卦位於西北方，象徵太陽，下移一位就是坎卦，坎為水，日落大水，即是乾坎之象。坎處於子方，冬至時一陽來復，地在上，雷處下，隱隱發出轟隆之聲，至震卦時便陽出地上了，其象即是一行行樹木出現，其餘便可依此類推了。

第二階段的徵驗，是在第一段築基的基礎上來的，這時大地成了冰雪世界，化為琉璃寶地，光明也漸漸凝聚了。於是就有了蓬萊山，繼而又出現了佛，金性都已顯露，不就是佛嗎？佛就是大覺金仙。這些就是整個功法修煉中最大的徵驗了。

現在能夠考證的徵驗，大致有三種：一種是入靜後，神入谷中，聽到外面的説話聲，彷彿隔了一里多路，卻又清晰明了；而聲音入耳，卻似山谷中的回聲，未嘗聽不見，卻又不是刻意去聽，這就是神在谷中的現象，隨時可以親自體驗。

一種是在入靜中，目光騰騰，前面全是白色，如在雲中，即使睜開眼睛尋覓自身，都無從看見，這就是「虛室生白」，那是內外通明，吉祥止止之象。

一種是在入靜中，體內之氣氤氳，身體如棉

般柔軟，似玉般通透，坐中好似留不住一般，有騰騰上浮之感，那是因為神歸頭頂之故，持續修煉下去，飛昇成仙是可以實現的。

這三種，都是現在可以驗證的。然而，更多徵驗也是說不盡的，會隨各人的根器不同，而產生各自的殊勝之象。正如《童蒙止觀》中所說的「善根發相」便是。此事如人飲水，冷暖自知，必須信心堅定，才能成真。

先天一炁，可自行到現前的徵驗中去尋找。若找到了先天一炁，內丹便可即刻煉成，這可是一粒真正的黍珠啊。正如張伯端在《金丹四百字》中所說「一粒復一粒，從微而至著」。先天之炁，既有階段性的，就是上面所說的「一粒」；也有整體性的，就是從一粒乃至到無量無邊。當然，一粒有一粒的力量，第一要義就是自己要膽大。

【解讀】

在本章中，呂祖闡述了修行中的徵驗現象，強調這些徵驗不可用小根小器或輕慢之心對待，而應以度盡眾生的心態去領悟和實踐。

修行者在靜中體驗到的徵驗，如初感遍體陽和，如醉如浴；繼而心體開明，覺得大地光明；最終金華大凝，遍體充實，不畏風霜，能以真炁使腐朽之物重生。這些徵驗與《觀經》所描述的日落大水、行樹法象等景象相呼應，象徵著從混沌無極到太極主宰的轉變，以及金性顯露、大覺金仙成佛的過程。

此外，呂祖還列舉了三種現在即可驗證的徵驗：一是神入谷中，聽人說話如隔里許，聲音如同在谷中回響；二是靜中目光騰騰，滿前皆白，如在雲中，開眼卻找不到自己的身體；三是靜中肉身如綿如玉，有上浮之感，這是神歸頂天的徵兆。這些徵驗因人而異，各現殊勝，如人飲水，冷暖自知。

呂祖強調，先天一炁就在這些現前徵驗中可尋，一旦得炁，丹亦立成。這一粒真黍珠，從微至著，時時先天，統體先天，力量無窮。因此，修行者要膽大心細，自信於自己的修行過程，方能真正領悟和體驗到這些徵驗的奧妙。

第七章 回光活法

呂祖曰：回光循循然行去，不要廢棄正業。古人云：「事來要應過，物來要識破。」子以正念治事，卽光不爲物轉，光卽自回，此時時無相之回光也。尙可行之，而況有眞正著相回光乎？

日用間，能刻刻隨事返照，不著一毫人我相①，便是隨地回光，此第一妙用。

淸晨能遣盡諸緣，靜坐一二時最妙。凡應事接物，只用返照法，便無一刻間斷。如此行之，三月兩月，天上諸眞，必來印證矣。

【注釋】

①人我相：語出《金剛經》：「無我相，無人相，無眾生相，無壽者相。」

【譯文】

呂祖說：修煉回光之法，要循序漸進，不可荒廢正業。古人說：「事來要應過，物來要識破。」你以正念處事，心光就不會隨外物所轉，會自動回轉，這就是隨時隨地無形無相的回光。這樣都可以進行，更何況還有真正著相的回光呢？

在日常生活中，若能時刻隨著所遇之事來做返照之功，不執著於絲毫人我之相，便是隨時隨地的回光，這是回光之法的第一妙用。

在清晨，若能放下眾緣，靜坐一兩個時辰，是最為美妙之事。在應事接物時，只用反照之法，那麼修煉便無一刻間斷。若能依此持續修行兩三個月，天上的神靈必會來與你印證了。

【解讀】

呂祖教導修行者，在進行回光修行的同時，不要廢棄日常的正業。他引用古人言語「事來要應過，物來要識破」，強調以正念處理事務，這樣心光就不會被外物所轉，自然能夠回歸本心，這便是時時無相的回光之法。若能如此，那麼真正的著相回光更將水到渠成。

在日常生活中，若能時刻隨事返照，不執著於人我之相，便是隨時隨地都在進行回光修行，這是回光的第一妙用。

清晨時分，若能遣盡諸緣，靜坐一二個時辰，將對修行大有裨益。而在處理日常事務、與人交往時，若能運用返照之法，便能保持修行的連續性，無一刻間斷。如此堅持修行數月，天上的諸真仙聖便會前來印證你的修行成果。

總之，呂祖所講的回光活法，強調的是在日常生活中保持正念，隨時隨地進行回光修行，以此達到心光不滅、修行不斷的境界。

第八章 逍遙訣

呂祖曰：

玉清留下逍遙訣[1]，四字凝神入炁穴。

六月俄看白雪飛，三更又見日輪赫。

水中吹起藉巽風[2]，天上遊歸食坤德[3]。

更有一句玄中玄，無何有鄉是眞宅[4]。

律詩一首，玄奧已盡。大道之要，不外「無爲而爲」四字。惟無爲，故不滯方所形象；惟無爲而爲，故不墮頑空死虛。作用不外一「中」，而樞機全在二目。二目者，斗柄也，斡旋造化，轉運陰陽，其大藥則始終一水中金[5]，卽水鄉鉛而已。

前言回光，乃指點初機，從外以制內，卽輔以得主。此爲中下之士，修下二關[6]，以透上一關者也[7]。今頭緒漸明，機括漸熟，天不愛道，直泄無上宗旨。諸子秘之秘之，勉之勉之。

夫回光，其總名耳。工夫進一層，則光華盛一番，回法更妙一番。前者由外制內，今則居中御外；前者卽輔相主，今則奉主宣猷[8]，面目一大顛倒矣。

法子欲入靜，先調攝身心，自在安和，放下萬緣，一絲不掛。天心正位乎中，然後兩目垂簾，如奉聖旨以召大臣，孰敢不遵？次以二目內照坎宮[9]，光華所到，眞陽卽出一應之。

離外陽而內陰，乾體也。一陰入內而爲主，隨物生心，順出流轉。今回光內照，不隨物生，陰氣卽住，而光華注照，則純陽也。同類必親，故坎陽上騰，非坎陽也，仍是乾陽應乾陽耳。二物一遇，便紐結不散，絪縕活動，倏來倏去，倏浮倏沉，自己元宮中，恍若太虛無量，徧身輕妙欲騰，所謂雲滿千山也。次則來往無蹤，浮沉無辨，脈住炁停，此卽眞交媾矣，所謂月涵萬水也。俟其冥冥中，忽然天心一動，此則一陽來復，活子時也[10]。

然而此中消息要細說。凡人一視一聽，耳目逐物而動，物去則已。此之動靜，全是民庶，而天君反隨之役，是嘗與鬼居矣。今則一動一靜，皆與人居，天君乃眞人也。彼動卽與之俱動，動則天根；靜則與之俱靜，靜則月窟；靜動無端，亦與之爲靜動無端；休息上下，亦與之爲休息上下。所謂「天根月窟閒來往」也。

天心鎭靜，動違其時，則失之嫩；天心已動，而後動以應之，則失之老。天心一動，卽以眞意上昇乾宮，而神光視頂，爲導引焉，此動而應時者也。天心既昇乾頂，遊揚自得，忽而欲寂，急以眞意引入黃庭，而目光視中黃神室焉[11]，既而欲寂者，一念不生矣。視內者，忽忘其視矣，爾時身心，便當一場大放，萬緣泯跡，卽我之神室爐鼎[12]，亦不知在何所，欲覓己身，了不可得，此爲天入地中，衆妙歸根之時也，卽此便是凝神入炁穴。

夫一回光也，始而散者欲斂，六用不行[13]，此爲涵養本原，添油接命也。既而斂者，自然優遊，不費纖毫之力，此爲安神祖竅，翕聚先天也。既而影響俱滅，寂然大定，此爲蟄藏炁穴，衆妙歸根也。一節中具有三節，一節中具有九節，具是後日發揮。

今以一節中具三節言之，當其涵養而初靜也，翕聚亦爲涵養，蟄藏亦爲涵養，至後而涵養皆蟄藏矣。中一層可類推，不易處而處分矣，此爲無形之竅，千處萬處一處也。不易時而時分焉，此爲無候之時，元會運世一刻也[14]。

凡心非靜極則不能動，動動忘動，非本體之動也。故曰：感於物而動，性之欲也；若不感於物而動，卽天之動也。是知以物而動，性之欲也；若不以物而自動，卽天之動也。不以天之動對天之性句，落下說個欲字，欲在有物也，此爲出位之思，動而有動矣。一念不起，則正念乃生，此爲眞意。寂然大定中，而天機忽動，非無意之動乎？無爲而爲，卽此意也。

詩首二句，全括金華作用。次二句是日月互體意，六月卽離火也，白雪飛卽離中眞陰將返乎坤也。三更卽坎水也，日輪卽坎中一陽，將赫然而返乎乾也。取坎塡離，卽在其中。次二句說斗柄作用，昇降全機，水中非坎乎？目爲巽風，目光照入坎宮，攝召太陽之精是也。天上卽乾宮，遊歸食坤德，卽神入炁中，天入地中，養火也。末二句是指出訣中之訣，訣中之訣始終離不得所謂「洗心滌慮爲沐浴」也。

聖學以「知止」始，以「止至善」終，始乎無極，歸乎無極。佛以「無住而生心」⑮，爲一大藏教旨。吾道以「致虛」二字，完性命全功。總之三教不過一句，爲出死入生之神丹。神丹爲何?曰一切處，無心而已。吾道最秘者沐浴，如此一部全功，不過「心空」二字，足以了之，今一言指破，省卻數十年參訪矣。

子輩不明一節中具三節，我以佛家「空、假、中」三觀爲喻⑯。三觀先空，看一切物皆空。次假，雖知其空，然不毀萬物，仍於空中建立一切事。旣不毀萬物，而又不著萬物，此爲中觀。當其修空觀時，亦知萬物不可毀，而又不著，此兼三觀也。然畢竟以看得「空」爲得力，故修空觀，則空固空，假亦空，中亦空。修假觀，是「用」上得力居多，則假固假，空亦假，中亦假。中道時，亦作空想，然不名爲空，而名爲中矣；亦作假觀，然不名爲假，而名爲中矣。至於中則不必言矣。

吾雖有時單言離，有時兼說坎，究竟不會移動一句，開口提云：「樞機全在二目。」所謂樞機者，用也，用卽斡旋造化，非言造化止此也。六根七竅，悉是光明藏，豈取二目，而他概不問乎？用坎陽，仍用離光照攝，卽此便明。朱子（雲陽師，諱元育，北宗法派）嘗云⑰：「瞎子不好修道，聾子不妨。」與吾言暗合，特表其主輔輕重耳。

日月原是一物，其日中之暗處，是眞月之精，月窟不在月而在日，所謂月之窟也，不然自言月足矣。月中之白處，是眞日之光，日光反在月中，所謂天之根也，不然自言天足矣。一日一月，分開止是半個，合來方成一個全體。如一夫一婦，獨居不成室家，有夫有婦，方算得一家完全。然而物難喻道，夫婦分開，不失爲兩人。日月分開，不成全體矣。知此則耳目猶是也。吾謂瞎子已無耳，聾子已無目，如此看來，說甚一物，說甚兩目，說甚六根，六根一根也，說甚七竅，七竅一竅也。吾言只透露其相通處，所以不見有兩；子輩專執其隔處，所以隨處換卻眼睛。

【注釋】

①玉清：道家三清境之一，為元始天尊所居。亦以代稱元始天尊。

②巽風：東南風。又稱清明風、景風。古有八卦主八風之說。

③坤德：地德。

④無何有鄉：即「無何有之鄉」，語出《莊子•逍遙遊》：「今子有大樹，患其無用，何不樹之於無何有之鄉，廣莫之野？」原指什麼都沒有的地方，後指虛幻的境界。真宅：大道真機的歸宿。

⑤大藥：道家的金丹。

⑥下二關：指尾閭關和夾脊關。

⑦上一關：指玉枕關。

⑧宣猷：發布命令。

⑨坎宮：丹田。

⑩慧真子注：此即慧命發現之時，斯時不令其順出而逆之，是謂添油接命。成佛作祖，在此下手。

⑪慧真子注：學者宜參看《續命方》轉六候圖，則可以了悟矣。圖中所謂：子吸進陽火，逆昇乾鼎，午呼退陰符，順降丹田，丹田即黃庭也……仙家非人不傳煉精返氣之秘法也，悟此則可以造成不死之軀矣。

⑫爐鼎：道家的丹道修煉術語，指修煉者的身體，也講天地。

⑬六用：佛教語。指六根(眼、耳、鼻、舌、身、意)之功能。

⑭此文後面有閔一得按語：謹按：無形之竅，玄竅是也。玄竅無處，三才盡在玄竅之中。何大何小，何遠何近，何人何物，何身何世之有分限哉？無候之候，活時是也。活時無候，萬古總在活時之中。何上元、下元，春夏秋冬，子午卯酉，月日時刻之可執哉？然而欲開玄竅，須於活午、活子者。動極而靜，靜極而動。竅之得體，蓋於此耳。何為活子？萬類無聲，一機時振，而無所得者是。何為活午？萬路齊開，一機時寂，而無所歸者是。蓋以竅無刻閉，機寂則現，機攪則隱。現則覺，隱則迷。覺則循真，迷則入惑。欲啟玄竅，絕無動運法。惟在寂體。是故智者，但自棲神虛無。氣機之

動靜，含光視之而已。亦不須作意寂定於其間，故能無入而不自得。回光妙訣蓋如此。循是訣者，活子亦得，活午亦得。正子正午，或得或失，不出乎心。心為機所自出耳，是為正本清源之要旨。曰子曰午者，動與靜，陰與陽，乃於此別。而得有後先，有清濁，有老嫩。乃在一節之中，具有九節焉，其說繁煩。五種仙謄所自出，有非一言得了者，祖故諭云，俟後發揮。

⑮無住而生心：語出《金剛經》第十品：「不應住色生心，不應住聲香味觸法生心，應無所住而生其心。」

⑯三觀：佛教語。天臺宗的基本教義之一。謂從事物緣起中觀悟空、假、中三諦。

⑰朱子：即朱元育，號雲陽道人。清代內丹家。

【譯文】

呂祖說：

玉清留下逍遙訣，四字凝神入炁穴。
六月俄看白雪飛，三更又見日輪赫。
水中吹起藉巽風，天上遊歸食坤德。
更有一句玄中玄，無何有鄉是真宅。

一首律詩，已將修道的玄奧都說盡了。大道的精髓，不外乎「無為而為」四字。正因為無為，才不會被方位處所以及形象所限制；正因為無為而為，才不會墮入頑空死虛之境。修道的作用不外乎一個「中」字，其中關鍵處全在兩眼。兩眼如同北斗星的斗柄，可以斡旋造化，轉運陰陽，它的大藥始終是水中的金，也就是水鄉鉛罷了。

前面談到的回光之法，乃是用來指點初學者的路徑，從外制內，以臣輔君。這是為中、下等資質的習練者設計的，通過修煉下二關，再修通上一關。如今修道之路逐漸明朗，對於修煉的關鍵也逐漸熟練，上天不吝嗇道法，直接洩露了這至高無上的宗旨。諸位一定要加倍珍惜，不斷努力！

回光，只是功法的總名罷了。但修為功夫每進一層，金華之光就盛大一番，回光之法也更妙一些。前面所述的功法是由外制內，現在的功法則是居中御外；前面功法是以臣子來輔佐君王，現在的功法則是奉君主之命來發號施令，整個面目是一大顛倒啊。

你們如果想要入靜，要先調攝身心，自在安和，放下萬緣，沒有一絲牽掛。天心正位於雙目中間，然後兩眼垂簾，好似奉聖旨去召喚大臣，誰敢不遵從？接下來，以雙目內照坎宮，光華所到之處，真陽就會出來相迎。

八卦中的離卦，外陽而內陰，它的本體原是

乾卦。一個陰爻入內取代陽爻而成為主人，於是跟隨外物而生其心，情緒順著外界而不斷流轉。現在回光內照，不隨外物而生其心，那陰氣就發揮不了作用，又因光華的注照，就變成了純陽之氣。又因同類物質會相互親近，就調動坎卦中間的陽爻向上昇騰，這一陽爻並非坎陽，實際上也是乾陽與乾陽相應罷了。此二物一相遇，便紐結不散，氤氳活動，忽來忽去，忽浮忽沉，這時自己元宮之中，猶如太空一般無邊無際，周身輕妙好似要飄昇一般，這就是所謂的「雲滿千山」了。接著，那氣機便來去無蹤，也無法分辨出浮沉，心跳和氣息都停住了，這種狀態就是真正的「坎離交媾」了，也就是所謂的「月涵萬水」。等到在那恍惚杳冥之中，忽然天心一動，這就是一陽來復，就是活子時了。

然而這其中的消息還要細說。尋常之人一

看一聽，都是耳目追逐外物而動，物去則止。這其中的動靜，就像下麵的臣民（識神）辦事，而上面的天子（元神）反而聽憑他們役使一般，這無異於與鬼同住了。現在我們練功之人，一動一靜，都是與人在一起，天君就是真人。天君一動，下麵的臣民就會與他一起動，這種動就稱為「天根」；天君一靜，下麵的臣民也與他一起靜，這種靜就稱為「月窟」；天君動靜無端，臣民也與之一起動靜無端；天君休息上下，臣民們也與之一起休息上下。這就是所謂的「天根月窟閑來往」。

天心處在鎮靜不動的狀態時，氣機動得過早，丹藥就失之太嫩；天心已動，氣機後動與之相應，丹藥就失之太老。正確的方式是天心一動，真意立刻上昇至乾宮（頭頂），兩眼的神光也注視頭頂作為導引，這個動就抓住了時機。當天心已經上昇到乾宮，正在遊揚自得時，忽然想要寂靜下來，這時要趕緊用真意將神識引入黃庭（中丹田），而眼光則內視中黃神室。既而天心又要歸於沉寂時，那是一念不生的結果。這時向內注視的眼光，也忽然忘了自己正在內視，身心會得到一場大放鬆，萬緣也都消失得無影無蹤，就連我的神室爐鼎也不知在何處了，想要找尋自己的身體，也是了不可得，這就是天入地中，眾妙歸根之時，即「凝神入炁穴」的境界。

這個回光的過程有幾個階段，剛開始想要收斂散漫的神光，不讓六根發揮作用，這是「涵養本原，添油接命」的階段。接著，收斂的神光會自然變得優遊自在，不費絲毫之力，這就是「安神祖竅，翕聚先天」的階段。接著，所有的影響都消失了，達到寂然大定的境界，這就是「蟄藏炁穴，眾妙歸根」的階段。一個階段的功法中包含了三個層次，還有的包含了九個層次，這些都是後天的發揮顯現。

現在從一個階段中包含三個層次來談一談：當處於涵養階段而剛入靜時，會聚也是涵養，蟄藏也是涵養，最後涵養都變成了蟄藏。中間階段可以此類推，不易顯露之處已顯露出來，這是無形之竅，看似有千處萬處，實則只是一處。不易把握的火候這時也很好把握了，因為這是「無候之時」，即使是「元會運世」，其實也只是一刻之間。

心若不是靜到極點就不能動，即使動，那也是妄動，而非本體的動。所以說：被外物所感而產生的欲望是本性的部分；若不被外物所感而自動，那就是「天之動」（天機發動）了。如果不把「天之動」與「天之性」句相對應，那落下的就只是個欲字了，那就落在了有形的物體上，這是超出了本位的思考，是動而又動了。若能一念不起，正念就會產生，這就是真意。在寂然大定的狀態下，天機忽然發動，這不就是無意的動嗎？無為而為，就是這個意思了。

此詩前兩句「玉清留下逍遙訣，四字凝神入炁穴」，完全概括了金華的作用。次二句「六月俄看白雪飛，三更又見日輪赫」是日月交互之意，「六月」代表離火，「白雪飛」即離卦中的真陰將要返回到坤卦的位置；「三更」代表坎水，「日輪」即坎卦中的一陽，將要赫然返回到乾卦的位置。「取坎填離」之意已包含在其中了。接下來的兩句「水中吹起藉巽風，天上遊歸食坤德」講述了斗柄的作用能夠指揮全部氣機的昇降，「水中」不就是坎中一陽嗎？眼睛就是「巽風」，目光照入坎宮，攝取太陽的精華；「天上」就是乾宮，「遊歸食坤德」，就是神入氣中，天入地中，養神火之光。最後兩句「更有一句玄中玄，無何有鄉是真宅」指出了訣竅中的訣竅，始終離不開所謂的「洗心滌慮為沐浴」。

儒學始於「知止」，終於「止至善」，始於無極，歸於無極。佛學以「無住而生心」為一大藏教旨。我們道學則以「致虛」二字完成性命全功。總之儒釋道三教不過一句話，就是煉就出死入生的神丹。「神丹」是什麼？就是於一切處都無心而已。我們道家功法中，最秘密的就是「沐浴」，就是這樣一部全功，只需「心空」二字就足以概括了，如今我一言點破，你們便可省去數十年到處參訪的功夫了。

你們若不明白一個階段還具有三個層次的話，我便用佛家的「空、假、中」三觀來比喻。這三觀中先是「空觀」，也就是觀一切事物都是空的。其次是「假觀」，雖然知道它們是空的，但是並不毀壞萬物，仍可在空中建立起一切事物。既不毀壞萬物，又不執著於萬物，這就是「中觀」。在修空觀時，既知萬物不可毀壞，但又不執著於萬物，這就兼具了三觀。但畢竟還要以「看得空」作為效驗，所以在修空觀時，空觀固然是空觀，假觀也是空觀，中觀也是空觀。修假觀，主要是以「功用」作為效驗，所以假固然是假觀，空也是假觀，中也是假觀。在修中道時，也要作空想，然而卻不稱為「空」，而稱名為「中」；也作假觀，然而卻不稱為「假」，而稱名為「中」。至於中就不必多言了。

我雖然有時單獨説離卦，有時也兼説坎卦，但有一句卻是始終未變，就是我一開口提到的：「樞機全在二目。」所謂樞機，就是功用，用雙眼來斡旋造化，但卻不是説造化只限於此。六根七竅都是光明的藏身之地，豈能只取雙眼，而對其他概不問津呢？想用坎中真陽，仍需用二目引神光照攝，這樣就可以明白了。朱子曾說：「瞎子不好修道，聾子不妨。」這與我的話暗合，只是特別表明主次輕重罷了。

日月原本是同一物質，太陽中的暗處，是真正的月亮的精華，月窟並不在月亮上而在太陽上，這就是所謂的「月之窟」了，不然就直接說月就好了。月亮中的白處，是真正的太陽的光芒，日光反而在月中，這就是所謂的「天之根」了，不然就只說天就好了。一日一月，分開來只是半個，合起來才是一個整體。就如一夫一婦，單獨居住並不能算是一個完整的家庭；有夫有婦，這個家才算得上完整。然而物難喻道，夫婦分開，仍然不失為兩個完整的人。日月分開，就不能成為一個整體了。懂得這個道理就知道耳目也是如此。我說瞎子已經沒有耳朵了，聾子已經沒有眼睛了，如此看來，還說什麼一物，說什麼兩目，說什麼六根，六根只是一根而已，還說什麼七竅，七竅只是一竅罷了。我的話只透露了它們相通之處，所以看不見有兩個；你們專門執著於它們被隔開的地方，所以隨處見到的都是不同之處。

【解讀】

呂祖所傳的逍遙訣，核心在於「無為而為」，強調修行要不拘泥於形式，不執著於形象，而是要在無為中達到真正的作為。他通過一首律詩，闡述了大道的奧祕，指出修行的關鍵在於凝神入炁穴，即將心神凝聚於丹田之處。

在修行過程中，回光是重要的手段。初時需由外制內，以輔助心神歸位；隨著修行深入，則要居中御外，以心神為主導，驅使氣血運行。當修行者想要入靜時，需先調攝身心，放下萬緣，然後以二目內照坎宮，引動真陽之炁上騰，與乾陽相應，達到真交媾的境界。

呂祖強調，天心的動靜是修行的關鍵。當天心鎮靜時，若動靜失時，則會影響修行的效果。因此，修行者要在天心一動時，及時以真意上昇乾宮，導引神光視頂，然後在天心欲寂時，引入黃庭，使心神歸於寂靜。此時，身心便會進入一種大放空靈的狀態，萬緣泯滅，即所謂的凝神入炁穴。

此外，呂祖還指出，一回光便具有涵養本原、安神祖竅、蟄藏炁穴三重功效。修行者要在靜中體悟這三重功效，達到無形之竅、無候之時的境界。他還以佛家「空、假、中」三觀為喻，闡述了修行中的空觀、假觀和中道觀，強調修行者要在看得空的基礎上，不毀萬物，不著萬物，達到中道的境界。

最後，呂祖強調了六根七竅皆是光明藏的道理，指出修行者不要執著於某一根或某一竅，而是要看到它們之間的相通之處。他還以日月為喻，闡述了陰陽相濟、天人合一的道理，強調修行者要在陰陽交媾中達到真正的逍遙自在。

總之，《逍遙訣》是呂祖傳授給修行者的一種高級修行法門，強調在無為中達到真正的作為，在陰陽交媾中達到天人合一的境界。修行者需深入領悟其奧祕，勤於修行，方能達到逍遙自在的境地。

第九章 百日立基

呂祖曰：《心印經》云[①]：「迴風混合，百日功靈。」總之立基百日，方有眞光。如子輩尚是目光，非神火也，非性光也，非慧智炬燭也。回之百日，則精炁自足，眞陽自生，水中自有眞火。以此持行，自然交媾，自然結胎，吾方在不識不知之天，而嬰兒自成矣。若略作意見，便是外道。

百日立基，非百日也；一日立基，非一日也；一息立基，非呼吸之謂也。息者自心也，自心爲息。元神也，元炁也，元精也，昇降離合，悉從心起；有無虛實，咸在念中。一息一生持，何止百日？然百日亦一息也。

百日只在得力，晝間得力，夜中受用；夜中得力，晝間受用。百日立基，玉旨耳。上眞言語，無不與人身應；眞師言語，無不與學人應。此是玄中之玄，不可解者也，見性乃知，所以學人，必求眞師授記②，任性發出，一一皆驗。

【注釋】

①《心印經》：即道教典籍《高上玉皇心印妙經》。

②授記：佛教語。梵語的意譯。謂佛對菩薩或發心修行的人給予將來證果、成佛的預記。

【譯文】

呂祖說：《心印經》上說：「迴風混合，百日功靈。」總的來說，就是要修煉百日才能奠定基礎，才有性光出現。像你們這樣的回光，還屬於目光層次，不是神火，不是性光，也不是無幽不照的智慧之光。回光百日，則精炁自足，真陽自生，水中自然蘊含著真火。依此修煉，坎離自會交媾，自然能結聖胎，我們尚在不知不覺中，聖胎就已經自然形成了。如果練功中稍加意念，那就是外道了。

「百日立基」，並非說的就是百日；「一日立基」，並非說的就是一日；「一息立基」，也並非說的就是一呼一吸。「息」字，是由「自」和「心」組成，自心為息。元神、元炁、元精的昇降離合，都是由心開始的；有無虛實，都在意念之中。一生中要修持每一息，又何止百日？然而百日也是一息。

「百日立基」，關鍵在於得力，白天得力，夜間便能受用；夜間得力，白天便能受用。

「百日立基」，是得道者的金玉良言。天上仙真所言，無不與人身相應；世上真師所言，無不與學道之人相應。這是玄中之玄，是很難理解的，只有明心見性之後才能懂得，所以學道之人必須尋求真師授記，這樣的話，真師的任意指點，都會一一應驗。

【解讀】

呂祖在本章中引用了《心印經》的「迴風混合，百日功靈」，強調百日立基對於修行的重要性。他指出，只有經過百日的修煉，才能顯現出真正的內在光芒，而非世俗的目光所能比擬。在這百日中，通過不斷的修煉，精炁得以自足，真陽自生，水中自然孕育出真火。持續這樣的修煉，便能達到自然交媾、自然結胎的境界，最終在不知不覺中，內在的真我（嬰兒）得以形成。若在此過程中稍有雜念，便會偏離正道。

呂祖進一步解釋，百日立基並非字面意義上的百日，而是強調一種持續、專注的修煉態度。一息立基也並非指呼吸的一瞬，而是指內心的專注與寧靜。元神、元炁、元精的昇降離合皆由心生，有無虛實皆在念中。只要保持一息的專注與持行，其效果遠超百日。而真正的百日立基，實際上是一種內在的得力與成長，無論晝夜，都能受益。

最後，呂祖強調，百日立基是天地間的至理，上真與真師的言語皆與此相應。這是玄之又玄的奧祕，無法用言語完全解釋，只有見性（悟道）後才能真正理解。因此，學人必須尋求真師的指點與授記，任性（順應天性）而行，才能一一驗證修行的成果。

第十章 性光識光

呂祖曰：回光之法，原通行住坐臥，只要自得機竅。吾前開示云「虛室生白」，光非白耶？

但有一說，初未見光時，此爲效驗；若見爲光，而有意著之，即落意識，非性光也。子不管他有光無光，只要無念生念。何爲無念？千休千處得。何爲生念？一念一生持。此念乃正念，與平日念不同。今心爲念，念者現在心也，此心即光即藥。

凡人視物，任眼一照去，不及分別，此爲性光。如鏡之無心而照也，如水之無心而鑑也。少刻卽爲識光，以其分別也。鏡有影已無鏡矣，水有象已無水矣，光有識尙何光哉?

子輩初則「性光」，轉念則識，識起而光杳不可覔。非無光也，光已爲識矣。黃帝曰:「聲動，不生聲而生響。」卽此義也。《楞嚴推勘入門》曰:「不在塵，不在識，惟選根。」此則何意?塵是外物，所謂器界也，與吾了不相涉，逐之則認物爲己。物必有還，通還戶牖，明還日月。借他爲自，終非吾有。至於不汝還者，非汝而誰?明還日月，見日月之明無還也。天有無日月之時，人無有無見日月之性。若然則分別日月者，還可與爲吾有耶?不知因明暗而分別者，當明暗兩忘之時，分別何在?故亦有還，此爲內塵也。惟見性無還。見見之時，見非是見，則見性亦還矣。還者還其識念流轉之見性，卽阿難「使汝流轉，心目爲咎」也[1]。初八還辨見時[2]，上七者，皆明其一一有還，故留見性，以爲阿難拄杖。究竟見性，既帶八識(眼識、耳識、鼻識、舌識、身識、意識、傳送識、阿賴耶識)，非眞不還也。最後並此亦破，則方爲眞見性，眞不還矣。

子輩回光，正回其最初不還之光，故一毫識念用不著。使汝流轉者[3]，惟此六根；使汝成菩提者[4]，亦惟此六根，而塵與識皆不用，非用根也，用其根中之性耳。今不墮識，回光則用根中之元性。落識而回光，則用根中之識性。毫釐之辨在此也。

用心卽爲識光，放下乃爲性光。毫釐千里，不可不辨。識不斷，則神不生；心不空，則丹不結。心淨則丹，心空卽藥。不著一物，是名心淨；不留一物，是名心空。空見爲空，空猶未空；空忘其空，斯名眞空。

【注釋】

①阿難：梵語的譯音。意譯歡喜、慶喜。佛經上說他是釋迦十大弟子之一，斛飯王之子，釋迦之從弟。二十五歲出家，隨侍釋迦二十五年，長於記憶，稱多聞第一。使汝流轉，心目為咎：語出《楞嚴經》卷一。

②八還：佛教語。謂八種變化相，各自還其本所因由處。

③流轉：佛教語。指因果相續而生起的一切現象，其中也包括了眾生的生死。

④菩提：佛教音譯名，指覺悟的境界。

【譯文】

呂祖說：回光功法，無論行住坐臥，都可實行，只要自己掌握機竅。我在前面曾經開示說「虛室生白」，那光不就是白嗎？

但是有一種説法，剛開始修煉，還未出現光時，忽然虛室生白，便是煉功的效驗；如果出現了光，而你的心意卻執著於它，便落到意識界裏去了，那並不是本性之光。所以不要去管他有光無光，只要於無念之中還存有一念就可以了。什麼叫「無念」？就是心無雜念，隨時處於休的狀態，就會有效驗。」什麼叫「生念」？就是「一念一生持」。這裏的「念」指的是正念，與平時的念頭不同。「念」這個字由「今」「心」二字組成，念，就是現在心，此心即性光，即煉丹的藥。

一般人看外物，用眼光隨意一看，還來不及分別，這是「性光」。這就像鏡子與水本無心，卻可映照萬物一般。稍過片刻，就變為「識光」了，因為已經開始分別了。鏡中有影，已非原來之鏡；水中有象，已不是之前之水了；光裏帶著意識，哪裏還是原來的性光呢？

你們在回光時，開始是「性光」，轉念之後就變成「識光」，因為意識一起，光也就杳無蹤跡，無處尋覓了。這並不是説沒有光了，而是光已經轉化為識了。黃帝説：「聲動，不生聲而生響。」説的就是這個意思。《楞嚴推勘入門》上説：「不在塵，不在識，惟選根。」這説的是什麼意思呢？「塵」是外物，即説的「器界」，本來與我毫不相干，但自心如果去追逐外物，就會把外在的身體當成了自己。然而萬物都需返歸其本性，就如通氣是門窗的屬性，此性要還給門窗；明亮是日月的屬性，此性要還給日月。雖把他物之性硬借為己有，但終不會為我所有。依此來推論，直到某個屬性不能再返還出去了，這不是你的自性，又是什麼呢？「明」返還其本質是日月之光，但你能夠看到的日月之光卻並沒有返還明的本質。天空有看不見日月的時候，人卻沒有不見日月之光的本性。如果是這樣，那麼區別日月返還的能力，還能為我所有嗎？不知道根據明暗來區別，當明暗都忘掉時，那還怎麼區別明亮是否返還？所以這裏面也有著返還，就是所謂的「內塵」。只有到了「見性」的時候，才能沒有返還。見性之時，「見」並不是真正的見，那麼「見性」也是返還。這裏所返還的，正是那隨意識而流轉的本性，也就是《楞嚴經》上釋迦牟尼對弟子阿難所説的「使汝流轉，心目為咎」。他在講述「八識」「八還」時，對於前面七種識的存在返還都一一論證，但到沒有論證的第八識時，便留下返還的根據，給阿難作為拄杖。追究見性之意，既然它帶有八識（眼識、耳識、鼻識、舌識、身識、意識、傳送識、阿賴耶識）能力，那就不是真的沒有返還。最後連這個也破掉了，那才是真正的見性，真正的不再返還了。

你們修練回光之法，正是要回那最初沒有返還的性光，因此無需用絲毫意念。導致你不斷流轉的原因，就是眼、耳、鼻、舌、身、意這六根；但能使你成就菩提的，也只有這六根，其他一切塵、識都用不上，這裏所言並不是用那六根本身，而是用六根中的本性罷了。現在若不墮入意識之中，那麼在回光時，則需利用六根中的元性。如果帶著意識去回光，那就是利用六根中的識性了。差之毫釐，謬以千里，在此要好好分辨。

用意念就是識光，放下意念就是性光。這可是差之毫釐，謬以千里啊，不可不去仔細分辨。識神若不斷，元神就不生；心若不空，丹就不結。心靜自然凝結成丹，心空就成了大藥。不著一物，叫作心靜；不戀一物，叫作心空。空，如果是能意識到的，那就不能算空；直到空得忘掉了空，這才算是真空。

【解讀】

在本章中，呂祖深入探討了回光之法及其與性光、識光的關係。他首先指出，回光之法適用於行住坐臥，關鍵在於自得機竅。他之前提到的「虛室生白」，其中的「白」即可視為光的一種表現。然而，當修行者初次未見光時，這可以視為修行的初步效驗；但若見到光並有意執著於它，就會落入意識層面，不再是純粹的性光。

呂祖強調，修行者不應關注是否有光，而應專注於無念生念的狀態。無念並非完全無思無想，而是指超越日常雜念，達到一種純淨、無執著的境界。而生念則是指一念一生持，這一念是正念，與平時的雜念截然不同。此念即是現在之心，此心即光即藥，是修行者應當把握和運用的關鍵。

他進一步解釋，當人們視物時，如果任由眼睛一照即過，不加分別，這就是性光的作用。就像鏡子無心而照，水無心而鑒一樣。但稍縱即逝，隨即就會轉化為識光，因為開始有了分別。鏡子有了影像就不再是純粹的鏡子，水有了形象就不再是純粹的水，光有了識念也就不再是純粹的光。

修行者初時見到的是性光，但轉念之間就可能轉化為識光。識光一起，性光就難以尋覓。這並不是說性光消失了，而是被識光所掩蓋。黃帝曾說：「聲動，不生聲而生響。」就是這個道理。呂祖引用《楞嚴經》中的話：「不在塵，不在識，惟選根。」來進一步闡釋，塵是外物，與修行者無關；識是內心的分別，也不是修行的目標。只有根性，即人的本性，才是修行的關鍵。

他進一步指出，見性無還，即真正的見性是不受識念流轉所影響的。修行者回光，正是要回到最初不還之光，即性光。這需要修行者一毫識念都不用，完全超越六根和識塵的束縛，運用根中之元性。如果落入識而回光，那就只是用根中之識性，而非元性。這是修行中毫釐之辨的關鍵所在。

最後，呂祖強調，用心即為識光，放下才是性光。識不斷則神不生，心不空則丹不結。心淨則丹成，心空即藥到。不著一物是名心淨，不留一物是名心空。但空見為空仍非真空，只有空忘其空，方為真空。這是修行者應當追求的最高境界。

第十一章 坎離交媾

呂祖曰：凡漏泄精神，動而交物者，皆離也；凡收轉神識，靜而中涵者，皆坎也。七竅之外走者爲離，七竅之內返者爲坎。

一陰主於逐色隨聲，一陽主於返聞收見。坎離卽陰陽，陰陽卽性命，性命卽身心，身心卽神炁。一自斂息，精神不爲境緣流轉，卽是眞交。而沉默趺坐時[1]，又無論矣。

【注釋】

①趺坐：盤腿端坐，左腳放在右腿上，右腳放

在左腿上。

【譯文】

呂祖說：凡是漏泄精神，神動而與外界相交的行為，都屬於離卦；凡是收轉神識，靜定而守中涵養的行為，都屬於坎卦。七竅外走的是離卦，七竅內返的是坎卦。

離卦中間那一陰爻，主導向外追逐聲色；坎卦中間那一陽爻，主導返歸內在的聽覺和視覺。坎離就是陰陽，陰陽就是性命，性命就是身心，身心就是神炁。重要的是要斂息凝神，不隨境緣而流轉，就是真正的坎離相交了。更何況在沉靜中打坐，那就更不用說了。

【解讀】

在本章中，呂祖深入探討了坎離二卦與修行

之間的關係。他指出，凡是精神外泄、與外物相交的都是離卦的象徵；而凡是收攏神識、內心寧靜的都是坎卦的象徵。人體的七竅，其能量外泄時表現為離卦，而能量內返時則表現為坎卦。

呂祖進一步解釋，陰（離）主導著人們追逐外在的聲色享受，而陽（坎）則主導著人們回歸內在，收攏感知。坎離實際上就是陰陽，陰陽則代表著性命，性命又等同於身心，而身心則體現為神炁（精神和氣息）。當修行者能夠自我收攏氣息，使精神不被外界環境所牽引流轉時，就實現了真正的坎離交媾。

他強調，在沉默趺坐（即靜坐冥想）時，這種交媾狀態更為明顯，因為此時修行者更容易將注意力集中在內在世界，收攏心神，實現身心的和諧統一。然而，即使在日常生活中，修行者也應時刻保持這種收攏和專注的狀態，以實現真正的坎離交媾，促進自身的修行進步。

第十二章 周天

呂祖曰：周天非以氣作主，以心到爲妙訣。若畢竟如何周天?是助長也，無心而守，無意而行。

仰觀乎天，三百六十五度，刻刻變遷，而斗柄終古不動，吾心亦猶是也。心卽璇璣[①]，炁卽衆星。

吾身之炁，四肢百體，原是貫通，不要十分著力。於此鍛鍊識神，斷除妄見，然後藥生。藥非有形之物，此性光也，而卽先天之眞炁，然必於大定後方見，並無採法，言採者大謬矣。

見之既久，心地光明，自然心空漏盡，解脫塵海。若今日龍虎，明日水火，終成妄想。昔吾受火龍眞人口訣如是[2]，不知丹書所說更何如也。

一日有一周天，一刻有一周天，坎離交處，便是一周。我之交，卽天之回轉也，未能當下休歇，所以有交之時，卽有不交之時。然天之廻旋也，未嘗少息。果能陰陽交泰，大地陽和。我之中宮正位，萬物一時暢遂，卽丹經沐浴法也，非大周天而何?此中火候，實實有大小不同，究竟無大小可別。到得工夫自然，不知坎離爲何物，天地爲何等，孰爲交，孰爲一周兩周，何處覓大小之別耶?總之一身旋運，雖見得極大亦小；若一廻旋，天地萬物悉與之廻旋，卽在方寸處，亦爲極大。

金丹火候，要歸自然。不自然，天地自還天

地，萬物各歸萬物。欲強之使合，終不能合。即如天時亢旱，陰陽不和。乾坤未嘗一日不周，然終見得有多少不自然處。我能轉運陰陽，調適自然，一時雲蒸雨降，艸木酣適，山河流暢，縱有乖戾，亦覺頓釋，此即大周天也。

問活子時甚妙，必認定正子時，似著相，不著相。不指明正子時，從何識活子時？即識得活子時，確然又有正子時，是二是一，非正非活，總要人看得眞。一眞則無不正，無不活矣。見得不眞，何者爲正，何者爲活耶？即如活子時，是人所時時見得的？畢竟到正子時，志氣清明，活子時愈覺發現。人未識得活的明了，只向正的時候驗取，則正者現前，活者無不神妙也。

【注釋】

①璇璣：古代稱北斗星的第一星至第四星。

②火龍真人：道士，俗名鄭思遠，葛玄之徒，葛洪之師。

【譯文】

呂祖說：所謂周天，並非以氣為主，而是以心到為妙訣。如果要問究竟怎樣來運轉周天，那就等於助長了識神的功能，需無心而守，無意而行方好。

仰望天空，那天穹一週三百六十五度，日月星辰無時無刻不在上面變換著位置，可是北斗天樞的位置卻終古不移，我們的心也是這樣。心好似璇璣，炁好比隨著璇璣運行而變化的眾星。

我們身上的炁，存在於四肢百骸當中，原本是貫通著的，煉功時不要十分用力。只需在運行真炁時鍛煉識神，斷除妄見，然後丹藥便會產生。那藥，並非有形之物，而是性光，即先天的真炁，必然在寂然大定後方能出現，這種藥並無採法，大談採法的人那是大錯而特錯了！

真炁出現久了，心地便一片光明，自會達到心空漏盡的境界，就能從塵海中解脫出來了。若是今日大談「龍虎」，明日又大談「水火」，只談理論而不去實踐，最終只會成為妄想。往昔我從火龍真人處所得的口訣，講的便是這個，不知丹書又是如何說的。

一日可以行一周天，一刻也可以行一周天，坎離相交處便是一周天。我們身體中的坎離相交，也相當於天穹的不停回旋，不能當下停歇，所以有相交之時，也有不交之時。然而天穹的回旋，卻沒有一刻停息。天地若能陰陽交泰，就能達到大地陽和。這時，人正好處於中宮正位，我與萬物一體，達到暢通順遂之境，這就是丹經中所說的「沐浴法」，不是大周天又是什麼？這裏頭的火候，確實有大小的不同，但深究起來，卻又無大小之分。待到你的功夫純熟自然之時，已不知坎離為何物，天地是何等，何為交，何為一周兩周，又到何處去找那大小之別呢？總之，體內真炁的回旋運行，若不能坎離相交，即使看起來變化很大，實際上效驗卻很小；若體內真炁一回旋，天地萬物均與之一起回旋，那麼即使在天心方寸之間，實際效驗卻極大。

所以，金丹火候的把握，要遵循自然。若不自然，天地還是天地，萬物未能相交也還是萬物。若要強行令它們相合，最終也是無法做到的。如同趕上大旱的天時，陰陽不合，但天地乾坤沒有一日不在運行，然而終是覺得有很多不自然之處。如果我們能轉運陰陽，調適自然，一時間便會雲霧蒸騰，甘霖下降，草木得到充分滋養，山河也開始運行流暢，這時，即使有些不適之處，很快也會煙消雲散，這就是大周天的原理。

你們若要問活子時奇妙之處，必需從認定正子時說起，這樣說看似著相，其實並不著相。如果不指明正子時，又從何知道活子時呢？既然知道了活子時，確實還有正子時，它們是一還是二，非正還是非活，總要人看得真切才行。只要驗證真切，就沒有不是正子時，也沒有不是活子時了。如果看得不真，能弄清哪個是正子時，哪個是活子時嗎？就如活子時，怎麼可能是人時刻都能體驗到的？畢竟在正子時，人的志氣清明，就更能覺察到活子時的出現。如果人還不了解什麼是活子時，可在正子時的時候去驗取，當正子時到來時，那活子時也就顯現出它的神妙之處了。

【解讀】

在本章中，呂祖深入闡述了周天的真正含義

及其修煉方法。他首先指出，周天並非以氣息為主導，而是以心意的到位為關鍵。刻意追求如何周天，反而成了助長，應當做到無心而守，無意而行。

他借用天文學中的概念，將心比作璇璣（即天體的運轉中心），將炁比作眾星。人的四肢百體原本就是貫通的，不需要過分用力去引導。在修煉過程中，應當鍛煉識神，斷除妄念，這樣藥物（即性光、先天真炁）才會自然產生。這種藥物並非有形之物，而是心性之光，是先天的真炁。它只會在大定之後顯現，無需刻意採集，那些談論採集的方法都是謬誤。

長時間修煉後，心地會變得光明，自然達到心空漏盡的境界，從而解脫塵世的束縛。如果今天追求龍虎，明天追求水火，最終只會陷入妄想。呂祖表示自己曾受火龍真人的口訣，對於丹書中所說的其他方法並不了解。

他進一步解釋，無論是一日還是一刻，都有周天運轉。坎離相交之時，便是一周天的完成。人與天的運轉是相呼應的，如果不能當下休止，就會有交與不交的時候。然而，天的運轉從未停歇。如果能做到陰陽交泰，大地就會充滿陽氣。此時，人身的中宮正位，萬物都會順暢，這就是丹經中所說的沐浴法，也就是大周天的境界。火候雖有大小之分，但究竟來說並無大小之別。修煉到自然狀態時，就不會再去計較坎離、天地、交與不交、一周兩周等概念。總之，周身的運轉雖然看似微小，但如果能與天地萬物一同運轉，那麼即使方寸之間，也是極大的。

金丹的火候要歸於自然。不自然的話，天地萬物就會各自分離。強行使它們相合，終究不能成功。就像天時亢旱，陰陽不和時，天地雖然每天都在運轉，但總會顯得不那麼自然。如果能轉運陰陽，調適自然，就能一時雲蒸雨降，草木茂盛，山河流暢。即使有悖逆之處，也會覺得頓時釋然，這就是大周天的境界。

關於活子時與正子時的關係，呂祖認為，雖然認定正子時看似執著於相，但不指明正子時又無法認識活子時。認識活子時後，又會發現正子時的存在。這兩者其實是一體兩面，非正非活，關鍵在於能否看得真切。看得真切，則無有不正、無有不活。如果見識不真，又如何區分正與活呢？活子時雖然是人們時常能見到的，但到正子時，志氣清明，活子時就會更加顯現。如果人們未能明確認識活子時的奧妙，只需在正子時去驗證，那麼正子時顯現時，活子時的神妙也就會自然呈現。

第十三章 勸世歌

呂祖曰：

吾因度世丹中熱，不惜婆心並饒舌。
世尊亦爲大因緣[①]，直指生死眞可惜。
老君也患有吾身，傳示谷神人不識[②]。
吾今略說尋眞路，黃中通理載大易[③]。
正位居體是玄關，子午中間堪定息。
光回祖竅萬神安，藥產川源一炁出。
透幙變化有金光，一輪紅日嘗赫赫。
世人錯認坎離精，搬運心腎成間隔。
如何人道合天心，天若符兮道自合。

放下萬緣毫不起，此是先天眞無極。

太虛穆穆朕兆捐[④]，性命關頭忘意識。

意識忘後見本眞，水淸珠現玄難測。

無始煩障一旦空，玉京降下九龍冊。

步雲漢兮登天關[⑤]，掌雷霆兮驅霹靂。

凝神定息是初機，退藏密地爲常寂。

吾昔度張珍奴二詞[⑥]，皆有大道。

子後午前，非時也，坎離耳。定息者，息息歸根，中黃也。坐者，心不動也。夾脊者，非背上輪子，乃直透玉京大路也。雙關者，此處有難言者。地雷震動山頭雨者，眞氣生也。黃芽出土者，藥生也。小小二段，已盡修行大路，明此可不惑人言。

昔夫子與顏子登太山頂，望吳門白馬，顏子見爲疋練，夫子急掩其目，恐其太用眼力，神光走落，回光可不勉哉！

回光在純心行去，只將眞息凝照於中宮，久之自然通靈達變也。總是心靜炁定爲基，心忘炁凝爲效，炁息心空爲丹成，心炁渾一爲溫養，明心見性爲了道。

子輩各宜勉力行去，錯過光陰可惜也。一日不行，一日卽鬼也。一息行此，一息眞仙也。勉之！勉之！

【注釋】

①世尊：佛陀十號之一。

②谷神：語出《道德經》第六章：「谷神不死，是謂玄牝。玄牝之門，是謂天地根。綿綿若存，用之不勤。」

③黃中通理：語出《周易·坤·文言》：「君子黃中通理，正位居體，美在其中而暢於四支，發於事業，美之至也。」是說君子內心純正，通曉事理。

④朕兆：指徵兆、預兆。

⑤雲漢：銀河。天關：猶天門。

⑥張珍奴：宋徽宗宣和時期吳興的著名歌妓，雖處風塵，但內心有著很高的追求。曾贈詞給呂洞賓：「逢師許多時，不說些兒個。安得仍前相對坐？懊惱韶光空自過。直到如今，悶損我！」呂洞賓作二詞贈答，用以點化。二詞分別為：《思量我·吳興妓館答張珍奴韻》：「別無巧妙，與你方兒一個：子後午前定息生，夾脊雙關昆侖過。恁時得氣力，思量我！」《步蟾宮·再過珍奴館唱此度之》：「坎離乾兑逢子午，須認取自家根祖。地雷震動山頭雨，要洗濯黃芽出土。捉得金精牢閉錮，煉甲庚要生龍虎。待他問汝甚人傳？但說道先生姓呂。」

【譯文】

呂祖說：

我因度化世人丹心似火，不惜苦口婆心饒舌多說。

如來為大因緣而講經說法，直指生死輪回真是可惜。

老君也憂患眾人的身體，傳示谷神世人卻不明其中真諦。

我今略說求真之路，「黃中通理」已載《易》中。

「正位居體」即是玄關，子午中間可打坐調息。

神光返回祖竅萬神皆安，先天元炁出自坎水下丹田。

凝神內觀發現金光已變，好似一輪紅日熠熠生輝。

世人錯將心腎當作坎離之精，搬運心火腎水反而使其相隔。

世人修道如何與天心相合？只要元神合於天心，道自然與之相合。

放下萬緣妄念不起，才是先天真無極的境地。

太虛深邃靜穆沒有徵兆，性命關頭應將意識忘掉。

意識忘掉方能見到本真，有如水清珠現玄妙難測。

無始以來的煩障一旦清空，就好似上天降下九龍之冊。

可以漫步銀河登上天庭，掌管雷霆驅使霹靂。

凝神止息為初始之法，退藏密地便可保持常寂。

我昔日度化張珍奴的兩首詞，內中均含大道。

詞中的「子後午前」，並非指時間，只是説坎離罷了。定息，就是讓每一息都歸根，聚於中黃部位。「坐」，就是要讓心不動。「夾脊」，並非背上那兩列穴道，而是直通玉京的大路。「雙關」，此處有難言之意。「地雷震動山頭雨」，是説真氣生成了。「黃芽出土」説的是真藥生成了。短短兩段，已道盡修行大路，明白此理可不被人言所惑。

昔日，孔子與顏回登上泰山頂，遠望東吳白馬，顏回見白馬好似一匹白練，夫子急忙遮住他的雙眼，唯恐他過於用眼力而走落神光，回光返照之法不可不努力啊！

回光返照之法主要在於純心修行，只需將真息凝照於中宮（天心），時間一長，自然就能通靈達變了。此法總是以心靜炁定為基礎，以心忘炁凝為效驗，以炁息心空為丹成，以心炁渾一為溫養，以明心見性為了道。

諸位應各自勉力行之，錯過光陰就太可惜了。一日不修行，這一日過得就像鬼一樣。如果一息之間都在這樣修行，那麼這一刻你就過得如同真正的神仙一樣。努力！努力！

【解讀】

在本章中，呂祖以深情而懇切的言辭，向世人傳授修行的真諦。他首先表達了自己因度化世人而心懷熱忱，不惜苦口婆心、反復勸說的決心。他引用世尊（佛祖）和老君（老子）的教誨，強調生死輪回的可惜，以及修身養性的重要性。

接著，呂祖簡要闡述了尋真的道路。他提到「黃中通理」，即中庸之道，這是《易經》中的核心思想，也是修行的根本。他指出，正位居體即是玄關所在，子午中間是定息的關鍵。當光回歸祖竅時，萬神皆安；藥產川源，則一炁湧出。這種變化如同金光透幕，紅日赫赫，彰顯著修行的成果。

然而，世人往往錯認坎離之精，誤以為搬運心腎就能達到修行的目的，卻因此造成了身心的間隔。呂祖強調，人道要想合天心，就必須順應天道，做到天人合一。他提倡放下萬緣，達到先天真無極的境界，忘卻意識，回歸本真。當意識忘卻後，就能見到真正的自我，如同水清珠現，玄妙難測。

呂祖進一步解釋，修行的關鍵在於心靜炁定。心忘則炁凝，炁凝則效顯。當炁息平定，心境空寂時，丹就自然成了。心炁渾一，則是溫養的階段。最終，明心見性，方為了道。

他通過講述孔子與顏回登泰山的故事，來告誡世人不要過度用眼力，以免神光走落。回光需要純心去行，將真息凝照於中宮，久而久之自然能通靈達變。

最後，呂祖勉勵世人要珍惜光陰，努力修行。他強調，一日不行，一日即鬼；一息行此，一息真仙。他的話語充滿了對世人的關懷和期望，希望每個人都能通過修行達到超凡入聖的境界。

總的來說，這一章是呂祖對世人的深切勸勉和修行指導。他通過闡述修行的真諦、方法和關鍵，鼓勵世人珍惜光陰，努力修行，以達到超凡入聖、明心見性的目的。

附錄：養生論

嵇康　撰

世或有謂神仙可以學得，不死可以力致者；或云上壽百二十，古今所同，過此以往，莫非妖妄者。此皆兩失其情，請試粗論之。

夫神仙雖不目見，然記籍所載，前史所傳，較而論之，其有必矣。似特受異氣，稟之自然，非積學所能致也。至於導養得理，以盡性命，上獲千餘歲，下可數百年，可有之耳。而世皆不精，故莫能得之。何以言之?夫服藥求汗，或有弗獲；而愧情一集，渙然流離。終朝未餐，則囂然思食；而曾子銜哀，七日不飢。夜分而坐，則低迷思寢；內懷殷憂，則達旦不瞑。勁刷理鬢，醇醴髮顏，僅乃得之；壯士之怒，赫然殊觀，植髮衝冠。由此言之，精神之於形骸，猶國之有君也。神躁於中，而形喪於外，猶君昏於上，國亂於下也。

夫為稼於湯之世，偏有一溉之功者，雖終歸燋爛，必一溉者後枯。然則一溉之益，固不可誣也。而世常謂一怒不足以侵性，一哀不足以傷身，輕而肆之，是猶不識一溉之益，而望嘉穀於旱苗者也。是以君子知形恃神以立，神須形以存，悟生理之易失，知一過之害生。故修性以保神，安心以全身，愛憎不棲於情，憂喜不留於意，泊然無感，而體氣和平。又呼吸吐納，服食養身，使形神相親，表裏俱濟也。

夫田種者，一畝十斛，謂之良田，此天下之

通稱也。不知區種可百餘斛。田種一也，至於樹養不同，則功收(一說「功效」)相懸。謂商無十倍之價，農無百斛之望，此守常而不變者也。且豆令人重，榆令人瞑，合歡蠲忿，萱草忘憂，愚智所共知也。薰辛害目，豚魚不養，常世所識也。虱處頭而黑，麝食柏而香；頸處險而癭，齒居晉而黃。推此而言，凡所食之氣，蒸性染身，莫不相應。豈惟蒸之使重而無使輕，害之使暗而無使明，薰之使黃而無使堅，芬之使香而無使延哉?故神農曰「上藥養命，中藥養性」者，誠知性命之理，因輔養以通也。而世人不察，惟五穀是見，聲色是耽。目惑玄黃，耳務淫哇。滋味煎其府藏，醴醪鬻其腸胃。香芳腐其骨髓，喜怒悖其正氣。思慮銷其精神，哀樂殃其平粹。

夫以蕞爾之軀，攻之者非一塗，易竭之身，而外內受敵，身非木石，其能久乎?其自用甚者，飲食不節，以生百病；好色不倦，以致乏絕；風寒所災，百毒所傷，中道夭於衆難。世皆知笑悼，謂之不善持生也。至於措身失理，亡之於微，積微成損，積損成衰，從衰得白，從白得老，從老得終，悶若無端。中智以下，謂之自然。縱少覺悟，咸歎恨於所遇之初，而不知慎衆險於未兆。是由桓侯抱將死之疾，而怒扁鵲之先見，以覺痛之日，爲受病之始也。害成於微而救之於著，故有無功之治；馳騁常人之域，故有一切之壽。仰觀俯察，莫不皆然。以多自證，以同自慰，謂天地之理盡此而已矣。縱聞養生之事，則斷以所見，謂之不然。其次狐疑，雖少庶幾，莫知所由。其次，自力服藥，半年一年，勞而未驗，志以厭衰，中路復廢。或益之以畎澮，而泄之以尾閭。欲坐望顯報者，或抑情忍欲，割棄榮原，而嗜好常在耳目之前，所希在數十年之後，又恐兩失，內懷猶豫，心戰於內，物誘於外，交賒相傾，如此復敗者。

夫至物微妙，可以理知，難以目識，譬猶豫章，生七年然後可覺耳。今以躁競之心，涉希靜之塗，意速而事遲，望近而應遠，故莫能相終。夫悠悠者既以未效不求，而求者以不專喪業，偏恃者以不兼無功，追術者以小道自溺，凡若此類，故欲之者萬無一能成也。善養生者則不然也。淸虛靜泰，少私寡欲。知名位之傷德，故忽而不營，非欲而強禁也。識厚味之害性，故棄而弗顧，非貪而後抑也。外物以累心不存，神氣以醇泊獨著，曠然無憂患，寂然無思慮。又守之以一，養之以和，和理日濟，同乎大順。然後蒸以靈芝，潤以醴泉，晞以朝陽，綏以五弦，無爲自得，體妙心玄，忘歡而後樂足，遺生而後身存。若此以往，恕可與羨門比壽，王喬爭年，何爲其無有哉?

【譯文】

世間有人認為神仙可以學成，長生不死可以通過努力實現；也有人説人的壽命至多一百二十歲，這是古今共識，超過這個歲數都是虛妄之談。這兩種觀點都偏離了實情，請允許我粗略論述一番。

神仙雖無人親眼見過，但史書記載和前人傳説相互印證，可以推斷確實存在。這類人似乎天生帶有特異稟賦，源於自然造化，並非後天學習所能達到。不過通過正確調養來延年益壽，活到幾百上千歲倒是可能的。只是世人不懂其中精髓，所以無人實現。為何這樣説？好比有人服藥發汗卻不見效，而羞愧情緒一來就大汗淋漓；整日未食會飢腸轆轆，但曾子守喪七日卻不思飲食；深夜獨坐容易犯困，心事重重卻能徹夜難眠。梳子能讓頭髮柔順，美酒可使人面紅耳赤，但勇士發怒時卻能怒髮衝冠——可見精神對肉體的支配，猶如君主統領國家。內心浮躁則外顯頹態，就像君王昏庸導致國家混亂。

在商湯大旱之年耕種，能多澆灌一次的莊稼，雖然最終仍會乾枯，但必定比未澆灌的晚些枯萎。這說明點滴養護確有實效。可世人常說一次發怒不會傷身，一時悲傷不會損體，於是放縱情緒，這就像不懂灌溉之利卻指望旱地長出好莊稼。因此智者明白肉體依賴精神存在，精神依託肉體延續，知道生命機理易遭破壞，明白一次過失就會危害健康。於是修養心性保養精神，保持心境平和，讓愛憎不擾情緒，憂喜不留心頭，淡泊處世，使身心和諧。同時通過呼吸吐納、飲食調養，讓肉體與精神相融，內外協調。

普通耕種每畝產十斛算良田，但人們不知精細耕作可產百餘斛。同樣是種田，方法不同收成懸殊。認為商人沒有十倍利潤、農夫難求百斛收成，都是墨守成規的舊觀念。過量食用豆類使人沉重，多吃榆葉令人昏睡，合歡消除憤怒，萱草化解憂愁，這是常識。蔥蒜傷眼，河豚有毒，也是世人皆知。蝨子長在頭上會變黑，麝鹿食柏而生香；山區居民多患癭瘤，晉地人多黃牙病。由此可知，飲食氣息都會影響體質。難道身體沉重後不會變輕，視力損害后無法明目，牙齒熏黃後無法牢固，散發香氣後不會延年嗎？所以神農說「上藥延命，中藥養性」，正是明白通過調養可通達生命機理。但世人只知沉迷美食聲色，眼睛被色彩迷惑，耳朵充斥靡靡之音。美味煎熬臟腑，酒精腐蝕腸胃。香料侵蝕骨髓，情緒擾亂正氣。思慮耗損精神，悲喜摧殘平和。

脆弱身軀遭受多方侵襲，血肉之軀怎堪內外夾攻？那些自我放縱的人：飲食不節滋生百病，縱欲無度導致虛脫，風寒侵害，毒物損傷，往往中途夭折。世人都嘲笑他們不懂養生，但更多人是在細微處犯錯。小問題積累成損傷，損傷積累成衰弱，由衰弱到白髮，由衰老到死亡，整個過程悄無聲息。中等以下智慧者認為這是自然規律，即便稍有所悟，也只在病發時懊悔，卻不懂在徵兆未現時防範。就像蔡桓公身患絕症卻怒斥扁鵲的先見，把疼痛發作當作疾病開端。問題萌芽時不處理，等到嚴重才救治，自然難以見效；活在常人認知中，就只能獲得普通壽命。環顧四周事例，人們總用多數案例自我印證，用普遍現象自我安慰，認為天地規律不過如此。即便聽說養生之道，也固執己見予以否定；稍微信奉者又不知方法；勉強服藥者堅持半年未見效就放棄。

這如同用小溪注水卻用大海洩洪，想要坐等顯效怎麼可能？還有人壓抑欲望放棄享樂，卻又被眼前誘惑牽動，所求目標在數十年後，最終在糾結中失敗。

精妙道理可以理解卻難以目測，就像豫章木生長七年才長勢顯眼。用急功近利的心態追求清靜之道，想要速成卻見效緩慢，盼望眼前回報卻需長期堅持，自然難以持久。普通人因未見成效放棄，求道者因不夠專注失敗，偏執某種方法者難見成效，沉迷旁門左道者自我迷失——這類人萬中無一能成功。真正善於養生之人則不同：他們清心寡欲，淡泊名利，並非強行克制而是明白名利傷德；遠離厚味美食，並非壓抑貪念而是知曉其害。外物不擾心神，精氣醇厚平和，豁達無憂，靜心無慮。堅守大道，調和身心，日漸達到天人合一境界。再用靈芝滋養，甘露潤澤，沐浴朝陽，琴音撫慰，無為而自得，身心俱妙。忘卻歡愉反而真正快樂，超脫生死反而長存。如此養生，壽命可比仙人羨門、王喬，怎會説養生無效呢？

【解讀】

《養生論》是一篇深入探討養生之道的文章，作者通過對比、舉例和邏輯推理，闡述了養生的必要性和方法。文章開篇即指出，世人對神仙長生和壽命極限存在謬見，要麼認為神仙可學、不死可致，要麼認為百二十歲是壽命的極限，超過此數便是妖妄。作者認為這兩種觀點都偏離了事實，並嘗試對此進行論述。

作者首先肯定了神仙的存在，認為雖然難以親眼目睹，但古籍和前史中均有記載，其真實性不容置疑。同時，他也指出，神仙似乎是因天賦異稟、稟受自然之氣而成，非後天努力所能達到。然而，對於普通人來說，通過合理的養生方法，也可以延長壽命，達到數百歲甚至上千歲。但世人對此多不精通，因此難以實現。

接著，作者通過一系列生動的例子，說明了精神對身體的巨大影響。他指出，人的精神狀態會直接影響身體的健康，如愧疚之情會導致淚水流淌，飢餓時會思食，憂傷時會失眠，憤怒時會頭髮豎立等。由此，他得出結論，精神之於身體，猶如國家之君，精神一旦煩躁，身體就會受到損害。

為了保持身體的健康，作者提出了修性保神、安心全身的方法。他認為，人應該懂得生命的脆弱和易失，避免過度的情緒波動，保持內心的平靜和淡泊。同時，他還強調了呼吸吐納、服食養身的重要性，認為這些方法可以使形神親近，表裏俱濟。

在食物的選擇上，作者也提出了獨到的見解。他認為，不同的食物會對身體產生不同的影響，如豆類會使人身體沉重，榆樹葉會使人昏昏欲睡，合歡能消除憤怒，萱草能忘卻憂愁等。因此，在選擇食物時，應該根據自己的身體狀況和需求來合理選擇。

然而，世人多不察此理，只知追求五谷和聲色之娛，導致身體受到各種損害。作者指出，以有限的身體去應對無限的誘惑和損害，身體怎能長久呢？因此，他強調養生的重要性，認為只有懂得養生之道，才能避免中道夭折，享受長久的生命。

但養生之道並非易事，需要堅定的信念和持續的努力。作者指出，世人在養生過程中往往存在各種問題，如急於求成、半途而廢、盲目追求小道等。這些問題都會導致養生的失敗。因此，他強調真正的養生者應該保持清虛靜泰的心態，少私寡欲，不被外物所累。同時，他們還應該堅守養生之道，以和為貴，以養為主，使身體和心靈都達到和諧的狀態。

最後，作者以樂觀的態度展望了養生的美好前景。他認為，只要按照養生的方法去做，就可以延長壽命，甚至與神仙媲美。這種樂觀的態度不僅是對養生的肯定，也是對生命的尊重和珍視。

總的來說，《養生論》是一篇具有深刻哲理和實用價值的文章。它通過深入淺出的論述和生動的例子，向我們展示了養生的必要性和方法。同時，它也提醒我們要珍惜生命、尊重自然規律、保持內心的平靜和淡泊。只有這樣，我們才能真正實現養生的目的，享受長久的生命和健康的身體。

古籍書局已出版書目

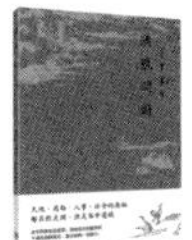

|《漁樵問對》
| 古籍書局
| 定價：HK$58

|《漁樵問對淺釋》
| 古籍書局
| 定價：HK$68

|《觀物內外篇》
| 古籍書局
| 定價：HK$68

|《村學究語》
| 古籍書局
| 定價：HK$68

|《朱子讀書法六課》
| 古籍書局
| 定價：HK$68

|《寒窑賦》
| 古籍書局
| 定價：HK$58

|《王陽明傳》
| 古籍書局
| 定價：HK$78

|《大醫問津》
| 古籍書局
| 定價：HK$88

|《所有發生，皆為你而來》
| 古籍書局
| 定價：HK$78

|《中國歷代政治得失》
| 古籍書局
| 定價：HK$280

|《菜根譚》
| 古籍書局
| 定價：HK$280

|《教子要言 教子圖說》
| 古籍書局
| 定價：HK$280

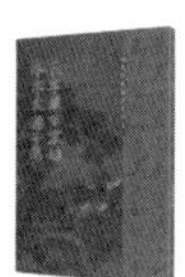

《三字經、百家姓、千字文、弟子規》
古籍書局
定價：HK$22

《大學 中庸》
古籍書局
定價：HK$28

《論語》
古籍書局
定價：HK$58

《孟子》
古籍書局
定價：HK$68

《道德經》
古籍書局
定價：HK$28

《了凡四訓》
古籍書局
定價：HK$32

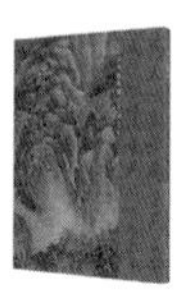

《聲律啟蒙》
古籍書局
定價：HK$28

《笠翁對韻》
古籍書局
定價：HK$28

《周易》
古籍書局
定價：HK$58

《幼學瓊林》
古籍書局
定價：HK$58

《錢本草》
古籍書局
定價：HK$58

《金花的秘密》
古籍書局
定價：HK$48

| 《黃帝外經譯註》
| 古籍書局
| 定價：HK$58

| 《養生導引術》
| 古籍書局
| 定價：HK$48

| 《中醫捷徑：醫學傳心錄》
| 古籍書局
| 定價：HK$48

| 《帛書道德經》
| 古籍書局
| 定價：HK$58

| 《老子清靜經》
| 古籍書局
| 定價：HK$48

| 《注音全本全注全譯
道德經》
| 古籍書局
| 定價：HK$58

| 《太乙金華宗旨易解》
| 古籍書局
| 定價：HK$48